RAINBOW SONGS 2

Ananda's Spiritual Songbook

Ananda Jaroslaw Istok

© 2019: Ananda Jaroslaw Istok
All rights reserved

ISBN: 978-0-244-78055-5

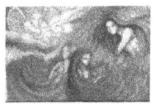

4 Elements Mantra

//: The Earth, The Air, The Fire, The Water, Return ://...
//: Ae ae ae ae Ao ao ao ao ://...
Chris Lowe, Neil Tennant (Am Em or Acapella): / istok.de/18131

A Heart Like The Sun

A *heart* like the *sun* is *always shining* (C Am F G)
ever present everywhere (C Em DmG)
you can *try* but you *wont stop* it *rising* (C Am F G)
so let your *love fill* the *air* (C Em Dm G)
come *on*.... *la* la la *la* la *la* // x4 (C Am Dm G)
Sangeeta Christina Rippler: / istok.de/7810

Aakhan Jor

Aakhana Jor *Chupei* Nah Jor *Jore* Na Mangana *Dena* Na Jor / Em Bm D A
Jore Na Jiwan *Marena* Nah Jor *Jore* Na Raaj *Mal* Mane Sor / Em Bm D A
Jore Na Surati *Gian* Vi-char *Jore* Na Jugati *Chutei* San-saar / Em Bm D A
Jise Hathe Jore Kare *Vekhei* Soe *Naniki* Uttame *Nich*-a Na Koe /EmBmDA
1: *Hare* Hare Wahe Gu-*ru* Hare Hare Wahe Gu-*ru* / D / A / (Em)
2: *Hare* Hare Wahe Gu-*ru* Hare Hare Wahe Gu-*ru* / Em / A7 / (D)
1: *Hare* Hare Wahe Gu-*ru* Hare Hare Wahe Gu-*ru* / D / A / (Em)
2: *Hare* Hare Wahe Gu-*ru* Hare Hare Wahe Gu-*ru* / Em / A7 / (D)
1: *Hare* Hare Wahe Gu-*ru* Hare Hare Wahe Gu-*ru* / D / A / (Em)
2: *Hare* Hare Wahe Gu-*ru* Hare Hare Wahe Gu-*ru* / Em / A7 / (D)
1: *Hare* Hare Wahe Gu-*ru* Hare Hare Wahe Gu-*ru* / D / A / Em
Snatam Kaur (3/4): / istok.de/17691

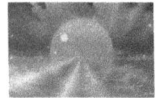

Aap Sahaee Hoa

Intro: Siri Guru Archande, Maharat (Am Em, F -G)
//: Dhan_ Dhan_, Siri Guru Archande, Maharat :// Am Em, G D, Am) :Intro by Snatam
//: Aap Sahaaee Hoaa, Sachay Daa Sachaa Doaa, Har, Har, Har :// (Am Em, G D, Am)
//: Aap Sahaaee Hoaa, Sachay Daa Sachaa Doaa, Har, Har, Har :// (C G, Dm Am, C G)
Snatam Kaur (2xlow 2xhigh)(3/4)(Capo I): istok.de/14495-1

Gurudass Singh: d a d A# C d, A# C d high: F C g d, A# C d / istok.de/14495-2

Nirinjan Kaur: C e a F, C G F high: d a F a, C F / istok.de/14495-3

White Sun: Fm C D# A#, Fm C high: C# G# D# A#, F Fm / istok.de/14495-4
or e B D A, e B high: C G D A, E e (Cap1)

Jai-Jagdeesh: Cm G# high: D# G# / Am F high: C F (Cap3) / istok.de/14495-5

Sat Kirin Kaur Khalsa: / istok.de/14495-6
G# D# Fm C# G# A#m7, D# Fm C# / G D Em C G Am7, D Em C (Cap1)

Krishan - Kundalini Chillout Liquid Mantra: / istok.de/14495-7
Cm D# Gm Fm -Gm 2nd: Cm D# G# Fm -Gm
or Am C Em Dm -Em 2nd: Am C F Dm -Em (Cap3)
You, divine one, have become my refuge

Acchi Mantra

//: *Om* Sarva *Buddha Dakini, Hri Mama* Sakta *Soha* :// (A#m Fm G#, A#m Fm A#m)
//: *Om* Sarva *Buddha Dakini Hri Mama* Sakta *Soha* :// (also: Am Em G, Am Em Am)
Oh, you female spirits, servants of the Buddha who has achieved the goal of all
Lisa Thiel (3/4) 2xlow + 2xhigh: / istok.de/17995

Aham Brahmasmi

//: *Aham Brahmasmi Aham Brahmasmi* :// (eDeD)
Aham Brahmasmi Om :// (e D e)
//: *Aham Brahmasmi Aham Brahmasmi* :// (G D C D)
Aham Brahmasmi Om :// (C D e)
Anne Tusche "Ich bin Schöpfung": / istok.de/17805-1

Amrita (Canon, 2xlow & 2xhigh): / istok.de/17805-2
//: *Aham Brahmasmi Aham Brahmasmi* :// (Dm A# C Dm)

Meditative Mind (1 tone Shrouti Box or Acapella: / istok.de/17805-3

Ahava raba ahavtanu

-*From* this place now *I* look up, (and) *I* can see your *cross* (Am F, G Am)
And I see the *true* love mercy, *and* that you are *just* (Am F, G Am)
//: *Ahava* raba *ahavtanu, ahava raba* (C G, Dm Am)
With such great *love* you've *loved* us, *with* such great *love* :// (C G Dm, E Am)
-*From* this place now *I* look up, *I see* a crown of *thorns* (Am F, G Am)
In this place where *you* have died, *I* have been *reborn* (Am F, G Am)...Ahava...

Rachel Zaferatos: / istok.de/18076

 # Ahava Rabba

{[//: *Ahava* raba> :/3/ (1Hm, 2D, 3Em) *ahavtanu* (Hm)]x2
//: *ahavtanu* :// (1G, 2Em7)
Adonai Elohenu (F#m Hm)}x2
[//: How deeply You have *loved* us :/3/ (1G, 2DEm, 3G)
Adonai Elohenu (F#m Hm)]x2
Elana Arian and Noah Aronson, (>Echo, Groovy): / istok.de/17891

 # All to Jesus I Surrender

-*All* to Jesus I *surrender*, *All* to *Him* I freely *give* (D A, G A D)
I will ever *love* and trust Him, *In* His presence *daily live* (D A, G A D)
//: *I* surrender *all*, (I surrender all) *I* surrender *all* (I surrender all)(D G, A D)
All to Thee my *blessed* Saviour, *I* surrender *all* :// (D7 G, A D)
-*All* to Jesus I *surrender*, *Lord* I give myself to *Thee* (D A, G A D)
Fill me with Thy *love* and power, *Let* Thy blessings *fall* on *me* *(D A, G A D)*
Walkers to Heaven, WorshipVideo: / istok.de/17826

 # Allah Ya Baba

Allah *Allah* ya *baba* / Am G
Wesallam *aleic* ya *baba* / Em Am
Sidi *mansur* ya *baba* / G Am
Nimshi *unzur* ya *baba* / Em Am

Allah Allah ya baba, we salam 3alek ya baba
Allah Allah ya baba (ya baba), we salam 3alek ya baba

Allah Allah ya baba (ya baba), we salam 3alek ya baba
sidi mansour ya baba (ya baba)
qalbe majnun ya baba I wanna be (ya baba)
Inti mahboob ya baba, ya baba ohhh
Saber Rebai: / istok.de/17661

Alleluia We Praise

Alleluia we *praise* God (Am Dm)
In *Whom* all things are *made* (G C)
Alleluia, forever (FE, Am)
Alleluia, alleluia, alleluia, forever
trigoddess (3 Voices in syncopation): / istok.de/7905

Amazing Grace

Amazing Grace, how *sweet* the *sound* (DGD)
That saved a wretch like *me* (A7)
I *once* was lost, but *now* im *found* (DGD)
Was blind, but *now* I *see* (A7D)
Twas *grace* that thought my *heart* to *fear* (DGD)
And grace my fears *released* (A7)
How *precious* did that *grace appear* (D/GD)
The hour I *first believed* (A7 D)
When *we've* been there ten *thousand years* (DGD)
Bright shining as the *sun* (A7)
We've *no* less days to *sing* god's *praise* (DGD)
Than when we *first begun* (A7D)...*Amazing* Grace...
Judy Collins: / istok.de/17699

Amba Jagadambe Kali Ma

//: *Amba* Kali Ma, *Jaya* Jaya Durge Kali *Ma* :// (Am, G Am)
//: *Ambe Jagadambe* Kali *Ma* :// (F G Am + G F E)
Relax Mantra: / istok.de/18036

Ancestor Sky People

Ancestors sky people *all* here *today* (D A G D)
Hear *my* heart's *song,* Hear my *respect* Hear my *love* (D A G, D A G)
Hear my *grateful* tears *fall*, I am truly *blessed* (D A G, D - A G) (mmm)
You are truly *blessed* (D - A G) (mmm)
We are truly *blessed* (D - A G) (mmm)
Also: (C G Am C / C G C / F C / G C / C G C / F C G C)
Stefan Pulsaris: / istok.de/18054

Angel Heart Circle Song

Angel heart (G C)
Is this another *ending* or a *start* (Am G C)
Is there any*way* that they could *be, apart* (Am G, (C/B)Am)
In the *end we* come full, *circle again* (Am G F, G C)
Gentle soul
You know each daily trouble takes its toll
But every silver lining hides a seam of gold
In the end we come full circle again
Angel heart
Never be afraid to face the dark
If you are you'll never let the healing start
In the end we'll come full circle again
Gentle soul

Never be afraid to face the goal
Don't you know the light you see is your own soul
In the end we come full circle again
Special one
Set your ship to sail into the sun
And when you finally get there you have just begun
In the end we come full circle again
Angel Heart ~ Sacred Valley Tribe: / istok.de/17569

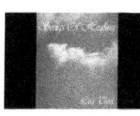

Angels of Healing

//: *Blessing angels* come *be* with *me* (EmG DEm)
heal my spirit, *mind* and body :// (D Em)
Blessing angels of *green* and *gold* (Em G D Em)
heal my heart and *heal* my soul (D Em)
Blessing angles of *violet* and *blue* (Em G D Em)
open my eyes to the *vision* of truth (D Em)
Lisa Thiel (3/4): / istok.de/17213

Angels Singing

//: *Listen* to the sound of the angels singing :// a
Calling to your heart singing* for your soul G
Listen to the sound of the angels singing
//: (Singing) *Heaven* is *here* right *now* :/4/ C G a
Nico van Schaik & Joan (Capo II)* praying: / istok.de/17205

Armiti Anahita

//: *Armaiti anahita atar vaiyu* :// D Bm A D
:// *Ahura Mazda* :// (1GD 2AD)
(Zoroastrian - invocation of archangels, earth, water, fire, wind, Sun God)
Unity Group: / istok.de/18182

As One

//: *As* one we walk this earth *together (a G)*
As one we *sing* (fell 2nd time) to her our *song (a G)*
As one we *love* (touch 2nd time) her (a)
As one we *heal* (with) her (G)
Her heart beats *with* our own as *one* :// (a G)
Denean (Acapella): / istok.de/18431

Asalaam

Asalaam Asalaam (C a) *Asalaam Asalaam* (d G)
Asalaam Asalaam (C a) *Alejkum Asalaam* (F GC)
Iria: / istok.de/17666

Ashrei Yoshvei

//: *Ashrei* Yosh*vei* vetecha (Hm A)
Ashrei Yosh*vei* vetecha :// (Hm E)

//: *Od* yeha*lucha* :// (Hm AHm)
//: *Lust* are those who *dwell* in Your house (Hm A)
Lust are those who *dwell* in Your house :// (Hm E)
//: *They* will *ever* praise *You* :// (Hm A Hm)
Shira (Rabbi Shefa Gold) Psalm 84:5): / istok.de/18584

Auf dem Weg

Auf dem Weg den ich geh, scheint die Sonne scheint der *Mond* / Dm / Gm
Scheinen Liebe, Licht und *Kraft*, Gott hat diesen Weg *gemacht* / x2 / A7/ Dm
Ist das Ziel auch fern, es ist der Weg der mich *erhält* / Dm / Gm
In meinem Herzen wohnt ein *Stern*, der mich führt in dieser *Welt* /x2 /A7/ Dm
Was mir auch passiert, auf der Reise über's *Meer* / Dm / Gm
Immer habe ich *Vertrauen*, in den Weg den ich *geh* / A7/ Dm
Ulrich Meyerratken: / istok.de/17695

Ayum Hunabku

A Yum Hunab Ku (Am Em G Am)
Evan Maya Ema Ho (Am C G Am)
We hail to the harmony of mind and nature
(Mexico language of the Yukatek Maya)
Ivan Donalson: / istok.de/18549

Baba Nam Kevalam

[//: *Baba* Nam_ *Kevalam* :// 1.C / 2.Am F C
//: *Baba* Nam, *Kevalam* :// 1.Am, F / 2.C, FAm] 2x
//: *Baba* Nam *Kevalam* :/4/ 1.F Em 2.C / 3.Em / 4.C

//: *Baba* Nam *Kevalam* :/4/ 1.G F / 2.C / 3.Am / 4.G C
Love is the essence of all things. Alles ist Ausdruck des Höchsten, alles ist Liebe
Soja, oceanidigrazia: / istok.de/17796

Babala Gumbala

//: *Babala* Gumbala (A) / C
La *gumba* la *havise* :// (E A) / G C
//: *Oh* na na na *na* na-*havise* :// (D E A) / F G C
//: *havise* :// (A) / C
(It is time for the harvest, the harvest of souls - Swahili)
Olympia Peace Choir: / istok.de/17887

Bar'chu (Blessed Be)

//: *Bar'chu* >, Dear one >, *Shekinah* >, Holy *name* > (Am G Am)
When I *call* on the *light* of my *soul*, *I* come *home* :// (C G Am, Em Am)
Lev Friedman, Noori Dove (>Echo): / istok.de/17975

Baruch Hu

//: *Baruch* Hu Elokainu (Em) *Shebaranu* lich*vodo* (Am D)
Barch Hu Elokainu (Em) *Shebaranu lichvodo* :// (Am (C) D Em)
//: *Vihivdel* lanu *min* hatoim (Em Am)
Vinasan lanu *Torahs emes* (C D Em)
Vichiyah alom (G Am) *Nata bisochainu* :// (Em DEm)
Eitan Katz: / istok.de/18093

Be a Lamp

//: *Be* a lamp *unto yourself* (Dm G C)
Be your *own* confidence (Dm G)
Hold to the truth *within* yourself (Am Em)
As to the *only* lamp (F) ://
+Om Hum Tram Hri Ah
Erika Jackson, Rose Williams, Frances Kozlowski: / istok.de/17935

Bismillah

/: *Bismillah erachman erachim* :/ (Am E7 Am)
/: *Bismillah erachman erachim* :/ (C B7 Em)
//: Al *hamdu* lillahi rabbil *alamin* :// *(Am E7)*
One unity, all mercy, all compassion
Yahia Juan Lucangioli: / istok.de/17723

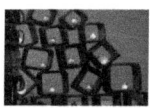

Bless the Lord

Bless the *Lord* my *soul*, and *bless* God's *holy name* Dm G D(m), A# C FA
Bless the *Lord*, my *soul*, who *leads* me *into life* Dm G D(m), A# C Dm
Solos (from Psalm 103):
Lobe den Herrn, meine Seele,
und vergiss nicht, was er dir Gutes getan.
As the heavens are high above the earth,
so is God's way above our ways, so is God's love for us.
Benissez le Seigneur, toutes ses oeuvres,
benissez le Seigneur tous ses anges.
Taize (Ps 104,1): / istok.de/18563

Body of the Goddess

//: My *body* is a living *temple* of *love* ://
//: *My* body is the *body* of the *Goddess* :/4/
//: *My* body is the *body* of the *Goddess* :/2/ without pause
Ooo, I *am* that I *am*
My body is a temple, below just as above
My body is a temple of love
Duet with Cielle Kollander, Michael Stillwater (Canon, a G a): / istok.de/18453

Born of Water

Born of water cleansing powerful
healing changing we are (I am)
Lindie Lila (Canon)(Acapella): / istok.de/18175

Brahma Nandam

Brah*ma* nandam parama skha*dam* (Bm F#m)
Kevalam jnayana murtim (G F#mBm)
Dvand*vateetam gagana sadrisham* (Bm B G)
Tatvamasyadi, laks*hyam* (F#mG, Bm)
Ekam nityam vimalamachalam
Savadhee sakshi bhutam
Bhava-teetam triguna-rahitam
Sagurum tam namami
Deva Premal & Miten (Manish Vyas): / istok.de/17742

By The Earth

-By the *earth* that *is* her *body* (d a d)
by the *air* that *is* her *breath* (d a d)
by the *fire* that *is* her bri-ght *spirit* (F e d a)
by the *living* waters *of* her *womb* (d a d)
-May the *peace* of the *goddesss be* (d a d)
for*ever in* your *heart* (d a d)
the *circle* is *open but unbroken* (F e d a)
Merry *Meet* and *Merry Part* (d a d)
Elaine Silver (Canon, Also Acapella): / http://www.istok.de/18398

B'shem Hashem

God has send *surrounding* me the *angels* of *Israel* (Em G Am Em)
on my right is *Michael* on-my *left* is *Gavriel* (Em Bm Am Em)
in *front* of me is *Uriel* behind me *Rafael* (Em G Bm Em)
above my head (2x) God's *own* holy-love I *feel* (Em G D Em)
B'shem Hashem Elohei Yisrael (Em G Am Em)
Miy'mini Micha-el *umis'moli* Gavri-*el* (Em Bm Am Em)
Umil'fanai Uri-el *Umei'achorai* Refa-*el* (EmG Bm Em)
V'al roshi, *V'al* roshi, *Shechi-nat* (El Em G DEm)
God has send *surrounding* me the *angels* of *Israel* (Em G Am Em)
God's *grace* I feel in *Michael* strength in *Gavriel* (Em Bm Am Em)
a *gift* of life from *Uriel*, *healing* from *Rafael* (Em GBm Em)
above my head (2x) God's *own* holy love I *feel* (Em G D Em)..
Miriam Maron "Protecting Angels" (Capo II)(3/4): / istok.de/17216

 **Call me by my true names**

My *joy* is like spring so warm (Dm)
it *makes* flowers *bloom,* all *over* the *Earth* (Gm C, Dm A#)
My *pain* is like a river of tears (Dm)
so *vast* that *fills,* the-*four* oce*ans* (bis) (Gm C, A# Dm)
Please *call me*, by my *true names* (F C, A Dm)
that I can *hear all* my cries, and *laughters* at *ones* (A# C, A Dm)
so I can *feel* that my *joy*, and *pain* are *one* (F C, A Dm)
Please *call me*, by my *true names* (A# C, A Dm)
so that *I can*, *awake up* (F C, A Dm)
and the *doors* of my *heart*, will be *left open* (A# C, A Dm)
Yopi, Thick Nhat Hanh's: / istok.de/17225

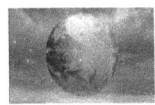 **Carry Me**

A tear *drop* falls into the *ocean* (D#m B) / Em C
This world is *so* full of *greed* (D#m B) / Em C
I *cannot* swim in these *waters* (A#m B) / Bm C
Beloved, please carry *me* (A#m B) / Bm C

Welling up, waves of *emotion* (D#m B) / Em C
Guide my soul through this *storm* (D#m B) / Em C
Show me the way with your *mercy* (A#m B) / Bm C
Guide me, guide me back *home* (A#m B) / Bm C

//: Carry *me* across the *ocean* (F# D#m) / G Em
Carry me with your love (F# B) / G C
Give me your hand (D#m) / Em
Hold me close (B) / C
Give me *peace*, give me *peace* :// *(F#, C#) / G, D*
sweet peace (B) / C

Lobh leher at neejar *baajai* (D#m B) / Em C
Kaayaa dubay *Keshava* (D#m B) / Em C
Sansaar-Samunday Taar_ *Gobinday* (A#m B) / Bm C
Taar-Lai Baap Bee*tula* (A#m B) / Bm C
Anil bera ho kayv na *saako* (D#m B) / Em C
Tayraa-*paar* na paaya bee*tula* (D#m B) / Em C
Sansaar-Samunday Taar_ *Gobinday* (A#m B) / Bm C
Taar-Lai Baap_ Bee*tula* (A#m B) / Bm C

//: Taar *Lai*, Taar *Lai* (F# D#m) / G Em
Taar *Lai*, Baap *Beetula* (F# B) / G C
Taar *Lai*, Taar *Lai* (D#m B) / Em C
Taar *Lai*, Baap_ *Beetula* :// *(F#, C#) / G, D*...Carry..
Snatam Kaur, Peter Kater, Nam Dev ji: / istok.de/17370

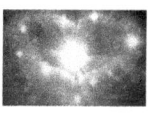

Cherdi Kalaa

Nanak Naam (G#m F#m) / Am Gm
Cherdi ka*laa* (A#m F) / Bm F
Tere banay (F# E) / G F
Sar*bhat* da ba*laa* (F# G#) / G A
//: *Cherdi* ka*laa* :/3/ *(1.B, 2.F#, 3.E F#) / C, G, F G*
Through *Nanak* may Thy *Name* forever increase (E F#) / F G
And the *Spirit be exalted* (G#m F# E) / Am G F
And may *all* beings *prosper* by Thy *Grace* (G#m F# C#m) / Am G Dm
And may *all* beings *prosper* by Thy *Grace* (E F# G#m) / F G Am
Snatam Kaur (Cherdi Kala-Rising Spirit): / istok.de/17358

Circle around

Wearing my long wing feathers (Em)
As I f *ly* (D Em)
I *circle* around we circle around (Em)

The *boundaries of* the *earth* (G D Em)
Around the *universe* (G DEm)
As I fly I see the (Em)
Mountain high (D Em) ...I circle...
DenaWilder: / istok.de/17640

 **Circle of Women**

And may all mothers know that they are loved
May all sisters know that they are strong
May all daughters know that they are worthy (beautiful, powerful)
//: that the circle of women may live on ://
And may all mothers know that they are loved
May all sisters know that they are strong
May all daughters know that they are worthy (beautiful, powerful)
//: that the fire of the goddess may burn on ://
//: Wehe ya wehe ya wehe he ya ://
Nalini Blossom (Acapella): / istok.de/18689

 **Come and Fill Our Hearts**

Come and fill our hearts *with* your peace (D Bm)
You alone, O Lord, are *holy* (D A)
Come and fill our hearts *with* your peace (Em C)
Alleluia (EmAD)
Taize, English: / istok.de/18558-1

Naomh Padraig Folk Choir (Latin): istok.de/18558-2
Confidemini Domino (D Bm) /

Quoniam Bonus (D A)
Confidemini Domino (Em C)
Alleluja (EmD)

Da Pacem Domine

//: Da *pacem domine* :// (Dm GFDm)
Da pacem (mid) (Dm GFDm)
Da pacem (high) (Dm GFDm)
Simply Taize (Canon): / istok.de/17868

Deena Bandhu Deena Nath

Deena Bandhu *Deena Nath,* Hare Hare Shambho *Uma Nath / a C, G e a*
Deena Bandhu *Deena Nath, Hare* Hare Shambho *Uma Nath / C, a E a*
Christina Schwalbach: / istok.de/17648

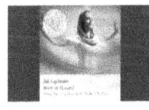

Dharti Hai

//: *Dharti* hai *Akash*_ hai, *Guru* Ram_ Das_ hai :// 2low 2high 2low (G# Cm, Fm) / G Bm, Em
[//: *Dharti* hai Akash_ hai Guru Ram_ Das_ hai :// (1.C# 2.Fm) / (1.C 2.Em)]4x
Jai Jagdeesh: / istok.de/17339-1

Gurunam Singh (Dm Am) (Am Dm) high: (Dm G) (G Dm) : / istok.de/17339-2

Divine Mother

//: *Engrossed* is the bee *of* my *mind* (G D e)
On the blue lotus *feet* of *my* di*vine mother* :// (D e D e-h)
//: *Divine* mother *my* di*vine mother* (G D G De)
Divine mother *my* di*vine mother* :// (e D e h)
Gurubhakti Bros: / istok.de/18448-1

Mukunda St (C D e - easiest): / istok.de/18448-2

Shakti Deva (G D e, G h e): / istok.de/18448-3

Echad B'Echad

:// *Echad* b'Echad *Echad* b'echad > ://
//: *One* into one, One becomes one ://
Kabbalah Kirtan (>Echo) (Acapella or D Dm or E Em...): / istok.de/17836

Echad Yachid Umi Yuchad

//: *Echad Yachid Umi Yuchad* :/4/ (Hm E F# Hm)
//: The *one*, *Every* single one (Hm E)
Each one joined and *united* in* the one :// (F# Hm)
Also: Dm G A Dm or Am D E Am
Reb Zalman, David Zaslow (*to the)(Groovy): / istok.de/17959

Eh Malama Ekaheiau

//: *E* malama ika heiau :// (1.C 2.Am)
E malama pono ika heiau, *E !* (F, C)
Earth and sky, *sea* and stone (C, Am)
hold this land, in *sacredness* (F, C)
Shakti Muller: / istok.de/18069

Ejnanda Nanda Gopala

Ej*nanda* Nanda Go*pala*, Ananda Nanda Go*pala* (2x) (C G, C)
Ejnanda *Nanda* Gopala, Ananda Nanda Go*pala* (2x) (C F, C)
Ej*nanda* Nanda A*nanda* Nanda, Yadu *Nanda* Nanda Go*pala* (2x)(F C, G C)
Vikram Hazra: / istok.de/17784

El Shaddai

El Shad*dai* El Shad*dai*, El-E*lyon* na *Adonai* (G#m C#, F# B) / (Dm G, CF)
Age to *age* You're still the *same*, (E A#) / (A# E)
By the *power* of the *name* (D#m D#) / (Am A)
El Shad*dai* El Shad*dai*, Erkam*kana* Ado*nai* (G#m C#, F# B) / (Dm G, C F)
We will *praise* and *lift* You high, El Shad*dai* (E C#, F#) / (A# G, C)
-Through your love and through the ram,You saved the son of Abraham
By the power of your hand, turned the sea into dry land (A# E, Am A)
To the outcast on her knees. You were the God who really sees
And by Your might, You set Your children free...El Shaddei...
-Trough the years You made it clear, that the time of Christ was near
Though your people couldn't see, what Messiah ought to be
Though Your World contained the plan, they just would not understand
Your most awesome work was done, through the frailty of Your Son..
Michael Card (further same chords as Refrain): / istok.de/17828

 # Elemental Chant

//: The *Earth*, The Air, F*ire* and Water :/.../ (D Hm)
I *stand* at the center and *acknowledge* each quarter (D Hm)
The *earth* is my mother and I know as her *daughter* (D Hm)
The circle extends to the *stars*, and goes-*on forever* (Em, F# Hm)
Wendy Rule: / istok.de/17931

Extended by Folkestone Pagans:

I stand in the centre and acknowledge each quarter
The Earth is our mother we are her sons and daughters
The circle extends to the stars and goes on forever

I stand in the North and I call to the Earth
You ground us in strength, remind us of our worth
Spirits of the Earth, hear my song. I welcome you

I stand in the East and I call to the fire
Your love and your passion lift us higher and higher
Spirits of Fire, hear my song. I welcome you

I stand in the South and I call to the water
Your streams filled with love, and your cleansing rainwater
Spirits of Water, hear my song. I welcome you

I stand in the West and I call to the Air
The wind and the wisdom, please hear my prayer
Spirits of Air, hear my song. I welcome you

 # Estafurallah

//: *Estafurallah* Estafurallah, *La* Ilaha *illa* Allah :// (Am G Am)
Allah Allah (G F)
//: *Estafurallah, Estafurallah* :// (Am Dm, F E Am)
Allah Allah (G Am)

Shafiya (refuge in God)(Cap1): / istok.de/18000

Evening Breeze

Evening breeze spirit song (a)
sings to *me* when day is *done* (G a)
Mother earth awakens me (a)
To the *heartbeat* of the *sea* (G a)
Folkestone Pagans: / istok.de/17923

Faery Song

Dance dance in the *month* of may (A D)
Dance dance for the *queen* of fey (A E)
All my sisters *dance* and sing (A D)
Dance around the *faery* ring (A E)

Celebrate the re*turn* of life (A D)
Dance dance in the *warm* sunlight (A E)
All my brothers *dance* and sing (A D)
Dance around the *faery* ring (A E)

Dance dance when the *moon* is bright (A D)
Dance dance in the *pale* starlight (A E)
All my sisters *dance* and sing (A D)
Dance around the *faery* ring (A E)
Lisa Thiel: / istok.de/18687

# Fire Child

Light *streaming* light streaming / Dm
Making my *fire* child *glow* / F C Dm
Fire child sing fire child dance / Dm
Fire child *you'll* be *mine* / F C Dm
Gila Antara: / istok.de/17590

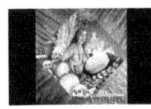# Fire Transform Me

//: Fire transform me, bring me to my passion ://
//: I choose life (YES), I choose courage ://
//: To dance among the flames ://
2nd voice: Want You dance
Kellianna (Groovy)(Acapella): / istok.de/18002

# Flower Of A Man

You'r a *flower* of a *man* (D A Bm)
You'r a rainbow who can sing, who can sing (3x) (A)
You'r a *waterfall* of *music* (D A Bm)
Pouring rainbows over me, over me, over me, over me (A)
Anubhava: / istok.de/17681

Fly High

Fly fly high (F Am/E Dm)
Let the *earth*, touch the *sky* (GmDm/Bb, C-C7)
Om sri rama, *jaya* jaya Rama (F, Am/E)
Jaya Rama jaya jaya Rama (Dm)
Om sri *rama* (Gm Dm/Bb)
Jaya Rama *jaya* jaya Rama (C C7)
Deva Premal & Miten: / istok.de/17620

Ganapataye

//: Om Gam Ganapataye Namaha (Am)
Om Gam Ganapataye Namaha (C)
Om Gam Ganapataye Namaha :/3/ (Dm - Am G)
Open the way for my life to flow free (Am)
clear the illusion that I may see (C)
A *luminous* path of harm*ony* (Dm - Am G)
Every step I note in-this symphony (Am)
we're *dancing* di-vine destiny (C)
weaving-our-prayers in the tape*stry* (Dm - Am G)...Om Gam...
//: *Jaya* (Jaya) *Gane-sha* (F GAm)
*Jaya (*Jaya*) Sri Gane-sha* :// (F Em AmG)
Jaya (Jaya) Sri Gane-sha (bis) FCG
Murray Kyle (Capo IV): / istok.de/17229

Gayatri Mantra by Bernie

Om bhur > (G/D) *Om* bhuvah > (F#/F#m)

Om swaha > (G/D) *Om* Maha > (F#/F#m)
Om Janaha > (G/D) *Om* Tapaha > (F#/F#m)
Om Satyam, Om > (G/D, A)
//: Om tat *savitur varenyum* :// (D A)
//: *Bhargo devasiya dhi-mahi* :// (D A G Hm)
//: *Dhyo yonaha pracho dayat* :// (D F#m G A)
Bernie Heideman (>Echo): / istok.de/17870

Giridhari Ashtakam

Refrain: *Bhaja Miracita Giridhari Padam* 4x
F A# C F, Dm Gm C F or G C D G, Em Am D G
Hare *Krishna* Hare Krishna
Krishna *Krishna* Hare Hare
Hare *Ram* Hare Ram
Ram *Ram* Hare Hare
(1st time - 1 line per 2 chords then per 1 chord)
Full long text (complicate) for solos
-Mrdu Manda Suhasya Sudha Vikiram, Mada Purita Locana Tamarasam
Mukharikrta Venu Hrita Pramadam, Bhaja Miracita Giridhari Padam
-Alkavali Mandita Bhalatatam,, Kaladhauta Vinindita Pita Padam,
Nava Nirada Sundara Kanti Dharam,, Bhaja Miracita Giridhari Padam
-Yamuna Sutati Vanita Sukhadam,, Vanabhanu Sutadhara Sara Mudam
Vipinantara Kunja Vilasa Yutam, Bhaja Miracita Giridhari Padam
-Nata Raja Siromani Vesa Dharam, Madanarbuda Rūpa Vihasa Param
Taruni Gana Nutana Puspa Saram, Bhaja Miracita Giridhari Padam
-Vraja Mohana Nāgara Gopa Varaṁ, Muralī Khuralī Caṭulī Vanitam
Yamunā Jala Vajra Vikārakaraṁ, Bhaja Mīrārcita Giridhāri Padam
-Sura Manava Mohaka Rupa Dharam, Mani Mandita Kundala Ganda Sitam
Saranagata Raksana Daksaparam, Bhaja Miracita Giridhari Padam
-Giridhari Murari Bakaryabhidham,, Manasa Vacasa Yadi Nama Krtam
Kalikala Jata Bhava Roga Haram, Bhaja Miracita Giridhari Padam
-Hrta Swami Vishwananda Hrt Kamalam, Samudam Paradesa Vihara Param
Janatagha Vinasa Vilasaparam, Bhaja Miracita Giridhari Padam
Dr. Satyanarayana Dasa, Dharmananda, Bhakti Marga: / istok.de/18004

 # Go in Beauty

//: Oh go in *beauty* Peace be *with* you (C G)
Till we *meet Again* In the *light* :// (F G C)
Robert Gass: / istok.de/18450-1

 Mirabai Ceiba: / istok.de/18450-2

Go in *Beauty* (D GBm)
Peace be with *you* (Bm A G)
Un*til* we *meet* ag*ain* (D A G)
In the *light* (Bm)
In the *light Of* our *hearts* (D A G)

 Mirabai Ceiba: / istok.de/18450-3
Camina en *Belleza* (D GBm)
La *Paz sea* Con*tigo* (Bm A G)
Hasta encon*trarnos* otra *vez* (D A G)
En la *Luz* de (Bm)
En la *Luz* de nu*estros* Corazones (D A G)
Outro: //: Que la *Paz* preval*ezca* (D A) En la *Tierra* ://
(G)

 # Gobinday Mukanday

Gobinday> Mukanday> F# - D#m / C - Am
Udaray >Apaaray> F# - D#m / C - Am

Hariang> Kariang> B C# / F G
Nirnaamay> Akaamay> F# / C (CapoVI)
Satkirin Kaur Khalsa, overcoming Negativity (Echo possible): / istok.de/17366-1

Snatam Kaur (Echo) C F C: / istok.de/17366-2

Tera Naam: Cm G# D# Gm, G# D# G# Gm, Hari: G# D# Gm Cm /
Also with Capo: Am F C Em, F C F Em, Hari:F C Em Am / istok.de/17366-3

Good Friend

-O the wind, it is a song
That harbors through the winter
O the sail, it is a door
That bids the song to enter
-And let us sail the sea, good friend
And let us sing together
A singer lasts a season long
While the song, it lasts forever
Jan Harmon (Canon)(Fm G# D# Fm (Am C G Am) or Acapella): istok.de/17927

Govinda Hari Om Hare Hare

*//: Govinda ,*Hari *Om* Hare *Hare* (AmDm, Am G/E)
Gopala, Hari Om :// (AmDm, am G)
//: Sada Sadhana, Andanda Bhavana (C G, Dm Am)
Vishnu Sadhana, Hari Om :// (Dm Am, G/E Am)
Christina Schwalbach: / istok.de/17646

Gracias madre Ayahuasca

//: *Gracias* madre *Ayahuasca* :// (Am F) Lai Lai Lai...
For *healing* my body, my spirit, my soul, for opening my *heart* (Am F)
For *healing* my body, my spirit, my soul, for opening my *eyes* (Am F)
For *healing* my body, my spirit, my soul, for opening my *mind* (Am F)
For *healing* my body, my spirit, my soul, for showing me the *way* (Am F)
Gracias madre tierra, Gracias padre cielo (Am FAm F)...For healing...
Gracias gran *misterio*, *Gracias* santa *medicina* (Am F, Am F) Lai Lai Lai...
Jarah Tree, The Gaia Love Orchestra (Capo V): / istok.de/17230

Grandmother Moon

//: *Grandmother* moon *Shining* in the *night* :// (e D e)
-Shining, shining *Shining* in her *fullness* (D e)
Grandmother moon *Shining* in the *night* (D e)
-//: Grandmother moon *Dancing* with the *stars* :// (D e)
-Dancing, dancing *Dancing* in her *brilliance* (D e)
Grandmother moon *Dancing* with the *stars* (D e)

/ *Ancient mysteries*, *Your dance reveals* to me (Dh e, D h e)
Ancient mysteries, Of *mother maiden crone* (Dh e, D h e)
Ancient mysteries, *Your song* you *sing* to me (Dh e, D h e)
Ancient mysteries, Are *calling me home* / (Dh e, D h e)

//: Grandmother moon *Hiding* in the *clouds* :// (D e)
Hiding hiding, *Hiding* in the darkness (D e)
Grandmother moon *Hiding* in the *clouds* (e D e)...Ancient...
//: Grandmother moon *Showing* us the *way* :// (D e)
Open open *Opening up* (D e)
Your heart *Grandmother moon* (D e)
//: Ancient mysteries...:// (Dh e)
//: *Grandmother moon* :/4/ (D e)

//: Mother we Are *open* We *believe* (D e)
Mother we Are *grateful* We *receive* (D e)
Miracles Of the earth (Dh e)
Called-from Deep *inside* us (Dh e)
Infinite Universe (Dh e)
The *Goddess is* Our *guide* :// (D h e)
////: Goddess *Guide us*...://// (D e)
Victoria Marina / Elaine Silver: / istok.de/18400

Grandmother Moon I'm praying to you

Grandmother Moon, I'm praying to *you* (HmD A, Hm)
Grand-father Sun, I'm praying to you *All* Night *Long* (HmD A, F#m Hm)
With all My *Heart*, *All* Night *Long* (A, F#m Hm)
Grandmother Earth, I'm praying to you (HmD A, Hm)
Grand-father Sky, I'm praying to you All Night Long (HmD A, F#m Hm)
With all My *Heart*, All Night Long (A, F#m Hm)
//: *Ya* Na Wana *Heya* Na Hey *Ya* Na *Heya* Na :// (HmD A, Hm)
All Night *Long*, With all My *Heart*, *All* Night *Long* (F#m Hm, A, F#m Hm))
The Hanuman Project (Capo 2): / istok.de/18412

Grandmother Song-I hear the voice

I hear the voice of my grandmother calling me
I hear the voice of my grandmother's song
//: She says wake up wake up ://
//: Listen listen ://
May the waters all run clear
May the mountains be unspoiled
May the air be clean
May the trees grow tall
May the earth be shared by all

May the children all run free

May the circle be unbroken
May the walls fall down
And the fire burn
From this family we shall learn
Deanna Drai Turner, Sandy Vaughn: / istok.de/17929-1

 Sheffy Oren Bach: / istok.de/17929-2
//: I hear the voice of my grandmother calling me
I hear the voice of my grandmother's song ://
She says: wake up, wake up child, wake up, wake up child...Listen...
She says: stand in your power woman, stand in your power man...List...
She says: give birth, give life mother, give birth, give life father...List...
She says: share love, share love sister , share love, share love brother..Li
She says: share wisdom elder , share wisdom elder...Listen...

 **Greenman Chant**

//: His *bones* are the stones his blood the waters (Dm)
His *hair* the trees and *plants* :// (C/Gm Dm)
//: Green *Man* walking Green *Man* (Dm C/Gm)
Breathing Green *Man* the Living *God* :// (Dm/Am C)
Whole Earth Kirtan: / istok.de/17943

 **Guru Om Guru Sri Jaya Guru**

//: Guru *Om* Guru *Om,* Guru *Om* Guru *Oom* :// (C G F G7C)
//: Guru *Om* Guru Sri *Jaya* Guru (C G)
Guru *Om* Guru Sri *Jaya* Guru :// (F C)
//: Narayanam Hari Om :// 1.(C G 2.F C)
Sonora Bhajancera: / istok.de/18044

Guru Rinpoche Mantra

Om ah hung (Am)
Ben*za guru* (Dm Em)
Pe*ma* - siddji *hung* (Dm-Em-Am)
Deva Premal: / istok.de/17734-1

Padmasambhava Guru Rinpoche: a G a G ... / istok.de/17734-2

Dharma Publishing: a G a / istok.de/17734-3

Hanuman Bolo

//: *Rama* Bolo *Rama* Bolo (GD)
Bolo Bolo *Ram* (eC)
Sita Bolo *Sita* Bolo (GD)
Bolo Sita *Ram* :// (eC)
//: Hanuman *Bolo* Hanu*man* (GD)
Bolo *Bolo* Hanu*man* :// (eC) ... Jai Jai Hanuman
Janin Devi (Groovy): / istok.de/17246

Hava nagila

Hava nagila Hava nagila (E)
Hava nagila *venismecha* (d E)

Hava neranena *Hava* neranena (E d)
Hava neranena *venismecha* (d E)
Uru - uru achim (a)
//: *Uru* achim belev same'ach :// (a)
//: *Uru* achim belev same'ach :// (E)
Uru achim uru achim (E)
Belev same'ach (E a)
//: *Life* is a celebration (E)
In every *moment* (a)
We open *up* our heart :// (d E)
//: *Come* join and celebrate (E)
Come join and celebrate (d)
Come join come join and *celebrate* :// (d E)
Barry & Batya Segal (Groovy): / istok.de/17200

Hava Nashira

//: *Hava* Hava *Nashira* (E A)
Shir *Alleluia* (E) Shir *Alleluia* :// (AH)
//: *Hava* Hava *Nashira* (E F#m)
Shir *Alleluia* (G#m) Shir *Alleluia* :// (EA)
(Sing together, sing praise God)
Shir Nefesh: / istok.de/17912

Heart Of The Universe

There is a *space* (F#m)
That exists with *us* (E)
And around us
Where angels *sing* on rays of *light* (F#m E)
...on *rays* of *light* (F#m E)
And love pours *forth* (F#m)

Love pours *forth* (A)
Love pours *forth* (E)
//: From the heart of the *Universe* :/.../ (Bm)
Snatam Kaur and Peter Kater: / istok.de/17369

Heart's Mystery

//: -*When* you let go of *fear* the truth will *appear* so simple and *clear* :// (D C D C)
There's a feeling *inside* so deep and so *wide* so open and *free* (F C F C)
When *love* is *revealed* all beings are *healed* so *naturally* (F C F C)...When...
-*Let* your light show the *way* forever to *stay* in the circle of *friends* (F C F C)
Let your heart be your *guide* to lead you *inside* where love never *ends* (FCF C)...Wh.
-*And* when love *overflows* you can only let *go* and be swept out to *sea* (F C F C)
This journey will *end* where it started my *friend* in the heart's *mystery* (F C F C)
Also orig: C#m B C#m B, E B E B
Jeremy Ginsburg: / istok.de/17204

Heavenly Father

//: *Heavenly* Father fill my mind with *Thy* invisible *Light* :// (a E a)
//: *Make* me strong and *Tireless* Lord ://x3 (1.da)(2.da)(3.aEa)
//: *Fill* my Mind *with* Your *Light*...(*Love*, *Peace*, Joy) :// x4 (a E a)
//: I *give* You my Mind, I give You my Heart (a)
My *Body* and my *Soul* (/*Live*) :// (E a)
Ananda: / istok.de/5725

Hey Ananda Nanda Nanda

//: *Hey* Ananda *LaLa* :/4/ (C F C)
//: *Hey* Ananda *Nanda* Nanda :// (G F)
Michael Levy (Groovy): / istok.de/18040

Hey Hey Ya Hey Ungawa

Hey hey ya hey hey unguwa (x7) hey unguwa hey unguwa
(Chumash - honoring the ancestors, sung to the directions)
Act on Wisdom (Acapella): / istok.de/18387

Ho Ike Maike Aloha

//: *Ho* ike ma ike *aloha* (C FC) / (D GD)
Puni ika *aina* :// (C GC) / (D AD)
//: *Oo* lei lei a *manu* :/4/ (G C) / (A D)
Iria: / istok.de/17664

Hollow Bamboo

//: *I am** a *hollow bamboo* (A E D A)
Opening up your *heart* (A E)
and let your *light* shine *through* :// (D A)
Act on Wisdom (*We are): / istok.de/17873

Holy Holy Holy Lord God Almighty

Holy, *holy*, *holy*! *Lord* God Al*mighty* / D B AD, G D
Early in the *morning,* our *song* shall *rise* to *thee* / A D BmA, A E7 AA7
Holy, *holy*, *holy*! *merciful* and *mighty* / D B AD, G D
God in three *persons, blessed Trinity* / Bm D GD, Em AD

Holy, holy, holy! All the saints adore Thee

Casting down their golden crowns around the glassy sea
Cherubim and seraphim falling down before Thee
Who was, and is, and evermore shall be

Holy, holy, holy! though the darkness hide Thee
Though the eye of sinful man Thy glory may not see
Only Thou art holy; there is none beside Thee
Perfect in power, in love, and purity

Holy, holy, holy! Lord God Almighty
All Thy works shall praise Thy Name, in earth, and sky, and sea
Holy, holy, holy; merciful and mighty
God in three Persons, blessed Trinity
Hillsong United worship: / istok.de/18679

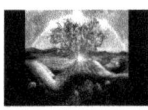

Holy water sacred flame

-*Holy* Water, Sacred Flame (G#) / D
Brighid-we *invoke* your *name* (C# D# G#) / G A D
Bless my hands, my *head*, my heart (D# G#) / A D
Source of healing, *song* and art (D# G#) / A D...Holy...
-*Love* and Passion, childish glee (G#) / D
Angus Og, we *call* to *thee (C# D# G#) / G A D*
Show-us the joy in *life* today (D# G#) / A D
Let it never *go* away (D# G#) / A D...Love and...
Folkestone Pagans: (Also: E,ABE / A,DEA /
C,FGC): / istok.de/17895-1

 ClassyKassy (or Acapella): / istok.de/17895-2
Holy water sacred flame G D
Brigid we invoke your name D G
Bless our hands our heads our hearts G D
Source of healing song and art G D G

36

 # Homage to Krishna

Hare Krishna (EBm CAm)
Kris*hna* Kris*hna* (F Dm)
Jai *Jai* - (C - Bm)
Hare Rama rama rama Jai Jai
Jai jai ram *om Krishna* ha*re* (E Bm A F#m)
Deva Premal: / istok.de/17745

 # Home is where my heart is

//: Ive been *travelling* for a *day* (G D)
Ive been *travelling* for a *year* (G D)
Ive been *travelling* for a *lifetime* (Em C)
To *find* my way *home* :// (Am D)
//: *Home* is where my *heart* is :// (G Am)
Home is where my *heart* is (G Em)
And my *heart* is with *you* (C D)
Gerhard Hajny: / istok.de/17203

 # Hu Hu Meke Aloha

Hu hu *meke aloha* (D A D)
Hu hu *meke* aloha *he* (A D)
Aa Alo-ha / La *ilaha* el *il* Allah *hu* (D A D)
Hu hu (hu) *meke* aloha *he* (A D)
Jesus Cicuendez: / istok.de/17947

 ## Hymn To The Russian Earth

If the people *lived* their *lives* (a E a)
As if it were a *song* Or *singing* out of *light* (C F C)
Provides the music *for* the stars (d a)
To be *dancing* circles in the *night* (E a)
Joe Lee (Canon in Acapella, Paul Winter Consort, Goosbumps): / istok.de/18534

 ## I am a gypsy

I am a gypsy* (Em) *I* am a *wonderer (Em Bm)*
I am a rainbow (Em) My *soul* will never *die (D Em)*
Ongala ongala we (Em) *Ongala* ya *poma (Em Bm)*
He la poko mini *ole ole (Em DEm)*
*dreamer, dancer
SpiralRecordsYahooCo: / istok.de/17305

 ## I am Alive

//: Lai lai lai... I am alive :/3/ (Dm Am) / (Em D)
I am alive (Dm) / (Em)
//: And who is this aliveness (that) I am :/3/ (Gm Dm) / (Am Em)
Is it *God** / Then am *I** / Could it *be** (A) / (B)
The holy blessed *one* (Dm) / (Em)
Matt Corey Sings "I Am Alive"-Seattle Unity (Mega
Groovy): / istok.de/17981

I Am Happy

//: *I* am happy *I* am good :// (C F C)
Sat(e) nam *Sat*(e) nam (C G)
Sat(e) nam *ji* (C F)
Wah(e) guru *Wah*(e) guru (C G)
Wah(e) guruji (C FC)
Snatam Kaur for children: / istok.de/18510

I am one with thee

One my Lord (Am)
I am one with thee (C)
I am *one* with the beauty (G)
Of *all* I see (Am)
I am *one* with the grass (C)
And the *leaves* and the tree (G)
I am *one* with your *love* to *eternity* (F G Am)
I am *one* with the grass (C)
And the *leaves* and the tree (G)
I am *one love eternity* (F G Am)
Sri Ram jay Ram jay jay Ram (Am)
Sri Ram jay Ram *jay* jay Ram (G Am)
Om *Sri* Ram jay Ram *jay* jay Ram (C G)
Sri Ram *jay* Ram *jay* jay Ram (F G Am)
Karun: (also just A - C - G) / istok.de/17623

 **I Am Opening To Love**

I Am Opening (F#m) *I* Am Opening (D)
I Am Opening To *Love* (E F#m)
Robert Frey: / istok.de/18445

 **I am Sending You Light**

//: *I* am sending you light (A#) / C
To *heal* you to *hold* you (Cm A#) / Dm C
I am *sending, you light* (Gm F, A#) / Am, G C
To *hold* you, in love :// (D#, F A#) / F, G C =>from here Mel. DeMore
-No *matter* where you *go*, No *matter* where you've *been* (A# Gm) / C Am
You *never* walk *alone*, I *feel* you deep *within* (F A#) / G C...I am sending...
-No *matter* what you *feel*, Or *what* you choose to *show* (A# Gm) / C Am
I'm *always* there for *you*, And *so* I want you to *know* (F A#) / G C...I am sending...
-I *walked* the path with *you*, Cause *slowed* you one don't *hurry* (A# Gm) / C Am
I *go* just like you need to *go*, there in no *need* to worry (F A#) / G C...I am send...
Betsy Rose, Refrain for circles is mostly enough:) : / istok.de/17833-1

Melanie DeMore: / istok.de/17833-2

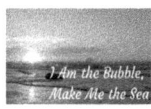 **I Am The Bubble Make Me The Sea**

//: *So* do thou my lord :// (D)
//: *Thou* and I *never* apart :// (D G)
//: *Wave* of the sea *dissolve* in the sea :// (e G)
//: *I* am the bubble *make* me the sea :// (D)
//: *Make* me the sea oh *makes* me the sea :// (D G)

//: *Wave* of the sea *dissolve* in the sea :// (e G)
//: *I* Am the bubble *make* me the sea :// (D)
Gurubhakti Bros (3/4): / istok.de/18590

I Am The Goddess

-I *am* the *Goddess*, Mother of *Life* (D#m A#m D#m)
I *am* the Goddess, *bearer* of *Life* (D#m A#m D#m)
//: I *am*, I *am*, the *Goddess* Divine :// (D#m A#m D#m)
-*Isis*, Venus, *Ishtar*, Kali
Minerva, *Shakti*, Kwan Yin, *Lakshmi*...I am..(2x)
-I *am* the *Goddess*, ever *living*
I *am* the *Goddess*, ever *loving* (Chorus I am)
-I *am* the *Goddess*, creatress of *life*
I *am* the *Goddess*, who *nourishes* life (Chorus)
Lisa Thiel [All also: Em Bm Em / Am Em Am]: / istok.de/17955

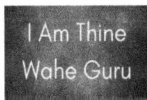

I Am Thine

//: I am *Thine* In *Mine* (G A)
Myself Wahe Jio* :// (Bm)
[//: Humee Hum Tumee Tum (G A)
Wahe Jio* :// (Bm)]2nd high...I am...
[//: Wahe *Guru* Wahe *Guru* (G A)
Wahe *Guru* Wahe Jio :// (Bm)]2nd high
Relax Mantra: / istok.de/18023

I am who I am

I am who I am that is that (C)
I am who I am that is that (D)
I am who I am that is that (Em)
I am who I am thank God I *am* (A)

I am who I am that is that (C)
I am who you are looking back (D)
You are who I am can you imagine that (Em)
There is one God and thatis a *fact* (A)

Joy to the world (C)
Peace on the Earth (D)
God bless the children (Em)
How we *love* them (A)
Guru Singh & Seal & Friends: / istok.de/18507

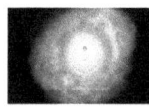

I hear the silence (Surrender)

//: I *hear* the *silence* calling *me* (Am G Am) Bm A Bm
So softly calling *me* (F) G
To what *i-ve* allways *been* :// (G Am - G) A Bm - A
//: I am *burning* and *burning* in your *grace* :// (Am G Am - G) Bm A Bm -A
//: I am *burning* and *burning* :// (Am G) Bm A
I am *burning* and *burning* in your *grace* (Am G Am - G) Bm A Bm - A
//: I *surrender* >> to this *mystery* >> (Am G) Bm A
Awaken >> to the *beauty* >> :// (Am G) Bm A
Satyaa & Pari(>> echo): / istok.de/17202

 # I Keteru Yorokobi

I keteru *yorokobi* wo (G C G)
Deai no *yorokobi* wo (G C D)
I ma koko *ni* Utai Odo*ru* (C D b e-C)
Anata*to* Os*ho* (D e)
I ma koko *ni* Utai Odo*ru* (C D b e-C)
Anata*to* Os*ho* (D G)
Colors of Creation: / istok.de/17671

 # I know this rose will open

I *know* this rose will *open* (Am C)
I *know* my fears will *burn* away (Am C)
I *know* my soul will *unfurl* its wings (Am C)
I *know* this rose will *open* (Am C)
Clarence High School Treble Choir (Canon): / istok.de/18542

 # I Step Into The Flow (I surrender)

//: I *step* into the flow and *then* I let go (Am G)
I *open* my mind my heart my *body* my soul :// (Am G)
I surrender (x3) (Am G) I open my mind my heart and my soul (Am G)
Jan Kramar, Zaneta Vitova, Ondrej Benkovic: / istok.de/18546

 # I Surrender to Love

//: I *surrender* I surrender to love, I *surrender* I surrender to love (C, C)

43

I *surrender* - *I* surrender to *love* :// (d - G C)
//: *Om* Namah Shivaya, Om Namah Shivaya Namah Om (C, C)
Om Namah Shi*vaya* - Namah *Om* :// *(d G - C)*
Divine Conscience (Bruce Werber & Claudia Fried): / istok.de/17781

 # Ib-Ache

*Ahhh......*ib-*ache* (A Bm) Ib-*acheo* (Bm)
Ib-*bababa* (Bm) Ib-*bayeye* (A) *Ib-ache* (EA)
Hail to the gifts. Hail to the gift of myself.
Hail to the gift of mother earth and father sky.
Deva Premal (Africa): / istok.de/17720

 ## If I touch you - The Awakening

If I touch you
I will know you
Though my veil be drawn you're glowing
In my mind and soul and body
PaganMusicChant (Canon, Acapella): / istok.de/18050

 ## Ike Kala Makia Manawa

Huna Principles of Life:
Ike >- (a) / Be Aware >- (a)
Kala >- (a) / Be Free >-(a)
Makia >- (d) / Be Focused >-(d)
Manawa >- (a) / Be Here >-(a)
Aloha >- (E) / Be Loved >-(E)

Mana >- (E7) / Be Strong >-(E7)
Pono >- (a) / Be Healed >-(a)
Ananda's composition (>Echo)(Groovy): / istok.de/6052

Ilumina

O, *grandioso sol*, sol *central* (D G, D)
O, *grandiosa lua* no *ceu* (D G, D)
O, *grandiosa estrela* no *ceu* (D G, D)
O, *grandiosa rainha* da *floresta* (D, G D)
Ilumina (G D G) *ilumina* (A D)
ilumina (G Bm) *ilumina* (A D)
Deva Premal: / istok.de/17657

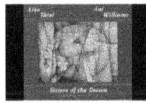

In Peace and Beauty

In *peace* and beauty may I walk (Gm)
In *peace* and beauty wander the *heavens (B Gm)*
In peace and beauty may I walk
In *peace* and beauty *wander* the Earth (B Gm)

In *peace*, in *peace*, may I *wander* (B F Gm)
with *beauty*, *beauty*, may I *wander* (B F Gm)
In *peace*, in *peace*, may I *wander* (B F Gm)
with *beauty*, *beauty*, may I *wander* (B F Gm)
Lisa Thiel & Ani Williams: / istok.de/18414

In the light of love

In the light of *love* (G /Am) we are *whole* (Em)
In the light of *love* (Bm) we are *home* (C)
in the light of *love* (Em) we *heal* and sing (D)
Thy will be *done* (Am/Bm /Em) *In* the *light* of *love* (C /EmD/G)
(2nd voice) Om shree (G/Am/Em/Bm) dhanva*ntre* (C/Em/D)
namaha (Am/Bm/Em) *Om* shree (C)
dhanva*ntre* (Em) *namaha* (D /G)
Deva Premal & Miten (feat. Manose): / istok.de/17748

Inana Raya Talbah

//: *Inana Raya Talbah* (Am Em Am)
Inana Raya Talbah :// (G Em Am)
(Aramaic: "I am the good shepherd")
AbwoonResourceCenter (2x law 2x high): / istok.de/17830-1

Douglas Klotz:(F Em Dm, Am Dm // F C Dm, Am Dm): istok.de/17830-2

Inanna

//: I am the daughter of the ancient mother (Gm) / (Am)
I am the child of the mother of the world :// (A# F Gm) / (C G Am)
//: *Oh Inanna* :/3/ (Dm Gm) / (Em Am)
It is you who *teaches* us, to *die* and be reborn and *rise* again
(Dm Gm, A# Gm) / (Em Am, C Am)
die and be reborn and *rise again* (A# C Gm) / (C D Am)

die and be *reborn* and *rise* (A# C G) / (C D A)
Lisa Thiel: / istok.de/17988

 **Ivdu Hashem B'simcha**

//: Ivdu - hashem b'simcha :/4/ (1.EmD, 2.DEm, 3.EmD, 4.HEm)
//: Praise ye the lord with joy :/4/ (1.EmD, 2.DEm, 3.EmD, 4.HEm)
//: Ya la la lai ya la la lai :// (1.EmD, 2.DEm, 3.EmD, 4.HEm)
//: Ya la la lai ya la la lai (hey) :/// (1.EmD, 2.DEm, 3.EmD, 4.HEm)
Mahbood: / istok.de/17856

 **Jah Jah Is Our Guidance**

//: *Jahjah* is our *guidance* we need not fear a *thing* :// (E A E)
//: Breathing *in*, breathing *out* be her *now* (B A E)
Theres no thought , theres no doubt , We here now :// (B A E)
The more that I *feel* the deeper I *know* (C G)
Yopi-If: / istok.de/17200

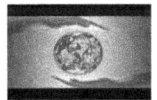 **Jai ma**

//: *Om* Bhagavate *Om* Jai *Ma* :/4/ (e D e)
//: *Jai* Jai ma *Jai* Jai *Ma* :/4/ (C D e)
Sacred Earth: / istok.de/17125

Jai Ma (Wah)

[//: *Amrita* mayi, *Ananda mayi* (F, Gm F) / G, Am G
Amrita Ananda, *mayi ma* :// (Cm, A# F) / Dm, C G
//: *Jai* Ma Jai Ma, Jai *Ma* Jai *Ma* ://]x2 (Gm A#, F Gm) / Am C, G Am
(Dark): //: *Jai* Ma Jai Ma, Jai *Ma* Jai *Ma* :// (Gm, A# Gm) / Am, C Am
//:He *Ma> Durga>*, He *Ma> Durga>* :/../(D# A#, Dm FGm) /F C, Em G Am
Wah! (Groovy) (> Echo) : / istok.de/17814

Jaruha

//: *Tarohoro* Czarodoro, *Jarga Drago Wese* :// Bm, A F#m Bm
HEY! Slavic mantra of Prosperity & Weal(also Am, G Em Am)
Jara Wiedza (2xlow 1xhigh 1xlow)(Capo1): / istok.de/18852

Jay Ma

Low: //: *Jay* Ma *Jay* Ma, *Jay* Ananda *Ma* :// (Bm G, A Bm) / (Am F, G Am)
High: //: *Jay* Ma *Jay Ma*, *Jay* Ananda *Ma* :// (Bm G Em, A Bm) / (Am F Dm, G Am)
Wolfgang Bossinger, Vocal: chetanya: / istok.de/17808

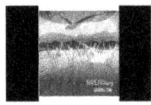

Jaya Guru Deva Guru om

//: *Jaya* Guru Deva Guru *Om* (E A)
Namo Nar*ayana* :// (E - A)
//: Satya Ananda, Om Jaya, Sat Guru :// E F#m, H, A(E)
//: *Om* Jaya Sat *Guru* :// H A
Miguel Brea: / istok.de/18042

Jaya Jagadambe Maa Durga

//: *Jaya* Jaya *Jagadambe* *Jagdambe Maa* *Durga* :/3/* (Am G Em Am)
Om Narayani *Om* Narayani :/4/ *Om* (Am G Am)
Relax Mantra (*2nd time high): / istok.de/18046

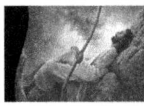

Jesu Cristaya

//: *Jaya Jaya Jesu* Cris*taya* :// (a F E a)
//: *Jaya Jaya Jesu* Cris*taya* :// (d a E a)
Marco Schultz & Maha Satya Sangha: / istok.de/18693

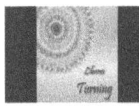

Jubilate Gaia

Jubilate Gaia, Jubilate *Gaia, Alleluja*
Libana (Canon)(Acapella): / istok.de/18427

Kabir's Song

//: *Oh* my *Soul*, you *come* and you *go* (B E, B E)
Through the *paths,* of *time* and *space* (B, E F#)
In useless *play,* you'll *not* find the *way* (B E, B E)
So *set* your *goals,* and *go* :// (B E, F#)
Sing such a song with *all* your life (G#m F#)
You-will never have, to *sing again* (E, B F#)
Love such a one with *all* your heart (G#m F#)
You-will never need, to *love again* (E, B F#)...Oh my...

Walk such a path with *all* your faith (G#m F#)
You-will never have, to *wander again* (E, B F#)
Give yourself to *such*-a Guru (G#m F#)
You-will never have, to *seek again* (E, B F#)...Oh my...
Pray such a prayer with *all* your soul (G#m F#)
You-will never have, to *pray again* (E, B F#)
Die such a death at the *feet* of God (G#m F#)
You-will never have, to *die again* (E, B F#)...Oh my
Breathe- my Love (B- E F#) *Breathe* my *Love* (B E)
Breathe in the *quiet centre* (B E F#)
Snatam Kaur: / istok.de/17363

Kali burn it all away

//: Om namo kali kali om namo (Am G Am
Om namo kali kali om namo :// (Dm Am G Am)
//: Oh great mother we invoke you in the space (Am G Am)
Take away the pain and fill us with your grace :// (Dm Am G A)
//: Kali burn it all away, burn it all away (Am G A)
If it does not serve us then burn it all away :// (Dm Am G A)
Tane Mahuta: / istok.de/17199

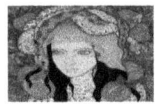

Kali Jaya

Kali Jaya Jaya *Kali* Jaya Jaya (a F)
Amritananda Durga Jaya Jaya (E a)
//: *Durga* Jaya Jaya *Durga* Jaya Jaya (a F)
Amritananda Paravati Jaya Jaya (E a)
Paravati Jaya Jaya *Paravati* Jaya Jaya (a F)
Amritananda Kali Jaya Jaya :// (E a)
+*Jaya*, Kali Jaya Om (a F E a, a F E a)
Secred Valley Tribe: / istok.de/18658

Krishna (Maha Mantra)

Hare Hare Krishna Krishna, Krishna Hare Hare (Dm)
Hare Hare Rama Rama, *Rama* Hare Hare (, Gm)
Hare Hare Krishna Krishna, Krishna Hare Hare
Hare Hare Rama Rama, *Rama* Hare *Hare* (, A Dm)
Marie Gabriella, Nicole Salmi (Groovy): / istok.de/17375

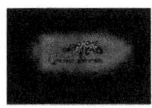

Krishna Krishna

Krishna Krishna Krishna Krishna Krishna Krishna Gopala / Am G Am G Am G DEm
Krishna Krishna Krishna Krishna Krishna Krishna Govinda / Am G Am G Am G DEm
Krishna Krishna Govinda,Krishna Krishna Gopala //x2 / Am C DG -DEm- AmC DEm
Satyaa & Pari: / istok.de/17686

Krishna Waltz

Hare *Krishna*, Hare Krishna (C)
Krishna Krishna *Hare* Hare (G C)
Hare Rama, Hare *Rama* (, F)
Rama Rama *Hare* Hare (G C)
Ram Das (3/4): / istok.de/18491

Kumbaya my Lord

Kumbaya my Lord *Kumbaya* (C FC)
Kumbaya my Lord *Kumbaya* (C FG)
Kumbaya my Lord *Kumbaya* (C FC)

Oh Lord Kumba-ya (F C G-C)

For the sun, that rises in the sky, For the rythm of the falling rain
For all life, great or small, For all that's true, For all you do...Kumbaya...

For one second on this world you made, For the love that will never fade
For a heart beating with joy, For all that's real, for all we feel...Kumb...
Flaviomanl: / istok.de/17638

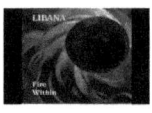

Kwaheri

//: *Kwaheri Kwaheri* (G C) *Mpenzi Kwaheri* :// (D G)
//: *Tutaonana Tena* (G C) *Tuki-jaliwa* :// (D G)
Goodbye, Goodbye, Loved one Goodbye. We'll meet again, God willing.
Libana (also a G a or Acapella): / istok.de/17998

Kyrie Eleison

Kyrie, Eleison (F Bb F, C Am Dm)
Elei-son (F C F Bb F C F C - Dm -Bb C Dm)
Robert Gass & On Wings of Song: / istok.de/18598

Lachen

Lachen lachen lachen lachen
Kommt der Sommer über das Feld
Über das Feld kommt der Sommer
Ha ha ha lachen über das Feld
Libana (Canon)(Acapella): / istok.de/18280

Laya Yoga

//: *Ek* Ong Kara, *Sata* Nama (a F) *Siri* Wahe *Guru* :// (C e)
//: *Ek* Ong Kar :/3/ (1.a 2.F 3.Ce)
Jai Jagdeesh: / istok.de/17347

Light of Water

Let *flow* light of *water* let *flow* (Am G C - E7)
Let *flow* light of *water* let *flow* (Am G F - G)
//: A-I-O :// 1.(Am G C E7) 2.(Am G F G)
Act on Wisdom: / istok.de/17917

Lo Yisa Goy

Lo yisa *goy,* el goy *cherev* (Dm C, AmDm) / Am G, EmAm
Lo yilm*adu,* od *milchama* (Dm C, AmDm) / Am G, EmAm
"Nation shall not lift up sword against nation; neither shall they learn war any more."
Libana (Fire Within)(Canon): / istok.de/17858

Lord Make me An Instrument

//: *Lord* make me an *instrument of* thy *peace* :// (F C G C)
For it is in *giving* that we *receive* (G C)
And it is in *pardoning* that we are *pardoned* (G C)
//: And it's in *dying* we are born to *eternal* life :// (G C)
Madzub, Narayan - St Francis, Short: / istok.de/18433-1

//: *Lord* make me an *instrument of* thy *peace* :// (F C G C)
Where there is *hatred*, let me sow *love (G C)*
Where there is *injury, pardon (G C)*
Where there is *doubt, faith (G C)*
Where there is *despair, hope (G C)*
Where there is *darkness, light (G C)*
Where there is *sadness*, I am giving *joy (G C)*
-*Master*, grant that I may not *so* much seek (F C)
To be *consoled* as to *console* (F C)
To be *understood* as to *understand (F C)*
To be *loved* as to *love* (G C) ...For it...life

Andrew Rashid Zikr & Sufi Practice, **Full**: / istok.de/18433-2

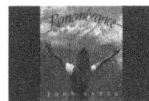

Love Serve and Remember

Why have you, *come* to *earth* (E H, C#m A) / (C G, Dm G)
Do you remember (E H A) / (C G Dm)
Why have you, *taken birth* (E H, F#m H) / (C G, Dm G)
Why have you *come* (E A) / (C G Dm)
//: To-love_, *serve* and *remember* (EH, C#m A) / (CG, Dm G ://)
John Astin: / istok.de/17933

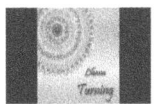

Ma Navu

Ma Navu al *he*ha*rim* (d g d) Raglei hame*vaser* (C-A)
Ma Navu al *he*ha*rim* (d g d) Rag*lei* ha*mevaser* (C d a)
//: Mash*mi*a *ye*sh*ua* (G ad) Mash*mi*a sha*lom* :// (G a)
(How pleasant on the mountains, Are the feet of the messenger of good tidings
Proclaiming salvation, Proclaiming peace)
Libana: / istok.de/18439

Madana Mohana

//: *Madana Mohana* Mu*rari* :// (D, G, D)
Hari*bol* Hari*bol* Hari*bol* (E-, A7, B-A)
Hari*bol* Hari*bol* Hari*bol* (G, A7, D)
Homem de Bem: / istok.de/18702

Mangalam

Mangalam Bhagavan Vishnum (Bm)
Mangalam Garudadhwajah (F#7)
Mangalam Pundareekaksham (F#7)
Mangalaya Ta*no* Ha*ri* (F#7 G Bm)
Deva Premal (Miten, Manose)(Password): / istok.de/17760

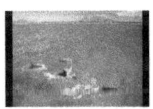

Maranatha

Maranatha Maranatha *Maranatha* :// (F C)
Maranatha Maranatha *Maranatha* :// (F)
Henry Marshall: / istok.de/17801

May All Beings be well and happy

May all *beings* be *well* and *happy* (C F G)
May all *beings* be *free* from *strife* (C F G)
May all *beings* re*turn* to *love* (C F G)

Peace be *with* you *forever more* (C F G-C)
Mahbood (Buddhist blessing): / istok.de/18436

May the Great Spirit

//: May the *great* spirit *grant* you peace of *mind* (a G a)
May *peace* be there in *everything* you *find* (a DC a)
May *peace* be there in *all* you leave *behind* :// (a G a)
Douglas Stevenson: / istok.de/17961

Medicine Wheel

//: I wanna know, What the medicine wheel
Has to say to me, Tonight ://

I have opened my, Heart wide to
Hear Great Spirit, Calling...I wanna know 2x

I have laughed, And I have cried
Through every lessons, Learning ...I wanna know 2x
Denean (G# D# G# or G D G or Acapella): / istok.de/18423

Meditation on the Breath

//: When I *breathe in* I *breathe* in *peace* (G C Em D)
When I *breathe out* I *breathe* out *love* :// (G C Em D)
//: Breathe *in* Breathe *out* :/4/ (G C Em D)
Wake Up songs: / istok.de/17925-1

Alex Kapitan and Tracy Ahlquist (Canon)(Acapella): / istok.de/17925-2

 # Metta Karuna

Metta Karuna Mudita Upekka (H E F# H) / (C F G C)
Metta Karuna Mudita Upekka (G#m C#m F# H) / (Am Dm G C)
Also: D G A D, Bm Em A D or G C D G, Em Am D G
(Buddhist - loving kindness, compassion, sympathetic joy, equanimity)
Bharati & Dinesh: / istok.de/17945

 # Million Nightingales

I have a million nightingales, On the branches of my heart
I have a million nightingales, On the branches of my heart
-Singing freedom freedom freedom
-Singing freedom freedom freedom
Linda Hirschhorn with Vocolot (Canon, Acapella): / istok.de/18500

 ### Mother Earth is a great big ship

Mother Earth (Em) Is a *great* big ship (Bm)
We are *sailing on* (Em Bm) *Sailing on* (Em Bm)
Through the *space* (Em) And time (Em - DCB7)
Touch the Earth (Em) *Feel* your worth (Bm)
Awaken to this (Em) *New* rebirth (Bm)
Know your heart (Em) And *open* up (Bm)

To the *divine* (Em - DCB7)
Plum Village: / istok.de/17281

Mother Trilogy

1-Shakti Om Shakti (G#m G# G#m...)
2-Shekinah Sophia Shaddai Mother
3-The goddess is alive
There is nowhere she is not
The goddess is inside
There is nowhere she is not
SierraLynne White & Bill Wentz / Starhawk (Canon, Acapella): / istok.de/18489

Mutu Qabla Anta Mutu

Mutu Qabla *Anta Mutu* (x4) (1.a 2.a 3.G 4.a)
La ilaha il Allah (x2) (d G E a)
+La ilaha il Allah Ya Shakur Allah
+Ya Shakur Ya Shakur Alhamdulillah
+Alhamdulillah Ya Allah
Sufigal, Sadaya (Die before you die - There is nothing but Unity): / istok.de/18526

My Body is a Living Temple

//: My Body is a living temple of love ://
My body is the body of the goddess,
My body is the body of the horned one
Ohhh I am what I am

Ohhh I love what I am
Rainbows (Acapella): / istok.de/18457

 # My Life is my Prayer

//: *My* life *is* my prayer (Dm C) *As* I live (Dm)
So I am :// (C) //: *La* ilaha *il* Allah :// (Dm C)
Leilah Be, Andrew Rashid Zikr & Sufi Practice: / istok.de/18462

 **My Mind Keeps Running back To You**

//: *Whether* I am *happy* (A B)
Wheather I am *blue* (Em Cm)
My *mind* keeps *running* back to *you* :// (A B Em)
//: Radhe *Govinda* Hari *Om* (A B)
Radhe *Gopala* Hari *Om* (Em Cm)
Radhe *Govinda* Hari *Narayana Om* :// (A B Em)
Relax Mantra: / istok.de/18025

 # Nandana Gopala

Nandana, gopala (4x) (FBbm, EbF)
Ananda svar*u - pa* (4x) (F Bbm F)
Tejasvi moha haro (2x) (F)
Karuna sagara prema bh*aro* (2x) (Eb F)
Gali gali hi nay *tere* dhwara (2x) (F Cm)
Karuna rasa prema bah*ara* (2x) (Cm F)
Deva Premal & Miten (Manose)(Password): / istok.de/17772

Narasimha

//: Narasimha Ta Va (A D6 C#m7)
Daso-----'ham - :/3/ (E7(sus4) A D6 - A E7(sus4))
//: Na- ra - sim - ha (E D E F#m)
Ta Va Da - So-----'ham :// (E D C#m - C#7 F#m) - E7(sus4)
O Narasimha! I am your follower.
Deva Premal (Password): / istok.de/17769

Nataraja Jai Shiva

//: Nataraja Nataraja jai Shiva *Shankara Nataraja* :// (E G H E)
//: Shivaraja Shivaraja Shambo *Shankara Shivaraja* :// (E G H E)
//: Nataraja Nataraja jai Shiva *Shankara Nataraja* :// (E G H E)
//: Shivaraja Shivaraja Shambo *Shankara Shivaraja* :// (E G H E)
//: Om namah Shivaya ... :// (E G H E)
(x2 low) (x2 mid) (x2 high) (x2 low)
Jai Uttal (learned from Lela): / istok.de/18586

New Days Dawn-So Ham

With a new day's dawn and my __heart wide open (Dm G Dm G)
I receive __all that __is __ (x2) (Dm G Dm G)
Love is, __Love you are, __Love I am, So __Ham (x2) (C G Dm F)
I am that I am that I am that I am (CG)
I am that I _ am, So __Ham (x2) (Dm F)
So .. __ __ Ham __ (x2) (CGDm F)
So __ Hum (Dm G)
We give and receive __ to all that is (bis) (Dm GDm G)
Lulu & Mischka (Capo II)(Easy chords so not italianized): / istok.de/17244

Nothing is heard

Nothing is heard (Dm)
Nothing is *said* (Dm C)
When the *heart* starts (C GmC)
Dancing with the *master* (Dm)
Nay na *nay*... (Dm Gm C)
Nay na *nay*... (C AmDm)
When the heart *starts* (Dm GmC)
Dancing with the *master* (Dm)
Matara Sambala (Osho Song): / istok.de/17616

O Sol - Taita Inti

*//: *Taita* Inti Padre Sol (a) Ven ven ven trae tu c*alor* (e)
Taita Inti Padre Sol (a) Ven ven ven trae tu s*aber* (e) ://*

//: *Es* que por es el rio (a) por la tierra y por el *mar* (e)
Volando en el viento (a) El Poder de Dios e*sta* (e) ://

*//: *Heya* heya heya heya (a) Heya heya - *ho*! (e)
Sol Luna (y) Estrella (a) Yo les canto otra *vez* (e) ://*

*//: Ay*ahuasca*, caa*pi* (a) (e) *Pipipiguaua*, curupi cur*upi* (a) (e) ://*

//: *Como* me enseno (a) Yo aqui fui y le ll*ame* (e)
Agradezco siempre (a) Que nos abra su Po*der* (e) ://

//: *Pajaro* canto (a) pajaro v*olo* (e)
L*levo* su presencia (a) Quien aqui lo mere*cio* (e) ://
Rainer Scheurenbrand (* recommended to circle singing): / istok.de/18673

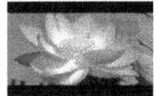
Om Amrita

Om Amrita (H) / (C)
Bindhu jawa (H) / (C)
Maha *sukha* (E) / (F)
Soha (F#H) / (GC)
(Oh Divine nectar - point of light, ever- expanding - great bliss - and so it is!)
Ratna Ling (Dharma Publishing): / istok.de/17901

Om Apadamapa

O-----------m, O--------m (D/Dsus, D Bm)
Om Apada*mapa* Hart*aram* (D Bm A)
Dataram Sa*rva* Samp*adam* (D Bm A)
Loka Bhi Ramam Shri *Ramam* (Em A)
Bhuyo Bh*uyo,* Nama*yaham* (Bb Gm, AD)
O healing potency, source of blessings, send Lord Rama and Sita's energy right here to the earth where it is so needed.
Deva Premal & Miten: / istok.de/17766

Om Bhagavan Sri Ramana

//: *Om* Bhaga*van Sri* Ram*ana* (a d G C)
Om Bhaga*van Sri* Ram*ana* :// (a d G C)
Omkara: / istok.de/18459

Om Dhara

Om *Dhara* Dhar*ayei* Nam*aha* (G Am G)
Om Dharayei, Nam*aha* (G, CG)
Om Dhara Dhar*ayei* Nam*aha* (G Am G)
Om Bhu, Devyei - Nam*aha* (2x) (Bm, CD7 -Am- G)
Om and salutations to Divine Mother who is the support of the earth
Deva Premal (Manose/Miten) Password): / istok.de/17775

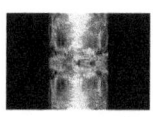

Om Dhiyo Yonaha Prachodayat

//: Om *Dhiyo* Yonaha *Prachodayat* (Em D) / (Dm C)
Om *Dhiyo* Yonaha *Prachodayat* :// (Bm Em) / (Am Dm)
Henry Marshall: / istok.de/17803

Om Guru Deva

//: *Om* Guru *Om* Guru, *Deva Deva* :// (Dm F, C Dm)
//: *Aja* Ki *Jai, Ananda* Ki *Jai* :// (Dm C, Am Dm)
Relax Mantra (Groovy): / istok.de/18021

Om Namah Shivaya by Krishna Das

//: *Om Namah Shivaya* > :/4/ (Cm G# A# Cm) / Am F G Am
//: *Shivaya namaha, Shivaya namah* om (also Em C D Em)
Shivaya namaha, namaha Shivaya > ://
//: *Shambhu* Shankara *namah Shivaya*

Girija Shankara namah Shivaya > ://
//: *Arunachal_ Shiva namah Shivaya* :/4/
Krishna Das (Echo) Am-Capo III: / istok.de/17977

Om Namo Bhagavate

//: *Om* Namo *Bhagavate* (Em C)
Om Namo *Bhagavate* (Am DEm) ://
Om Namo Bhagavate (C)
Om Namo Bhagava-*te Om (C-D, Em)*
//: *Oom Oom Oom* , Namo Baga*vate* (C Am D, Em) ://
Claude Brame: / istok.de/18664

Om Namo Jesus

//: *Om* Namo Je*sus*, Je*sus* Namo *Om* :// (C a, d G)
Walking on the water, *You stand* before me now (C a)
Your *arms* outstretched, I'm *reaching* for you (d G) //: Om Nam..
Father I believe you, when you *said* he was your son (C a)
He's alive inside of me, my heart is *burning* with His love (d G) //: Om...
Your *Healing* touch upon me, your *words* are like a balm (C a)
You *cast* away the demons, make my *waters* calm with love (d G) //: Om...
Walking on the water, You *stand* before me now (C a)
Your *arms* outstretched, I'm reaching for *you* (d G) //: Om Na..
Ben Bigelow: / istok.de/18700

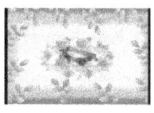

Om Namo Vasudevaya

//: *Om* Namo *Bhagavate*, Vasude*vaya* :// (a G a)

//: Vasudevaya Vasudevaya (a G)
Vasudevaya Bolo :// (FE a)
Christina Schwalbach (Groovy): / istok.de/17652-1

Christina Schwalbach (Solo): / istok.de/17652-2
Om Namo *Bhagavate, Vasudevaya* / G a, DG (2x low)
Om Namo *Bhagavate, Vasudevaya* / G C, DG (2x high)

Relax Mantra (A E D E): / istok.de/17652-3

Om Parama Prema

//: Om Parama Prema Rup*aya* Nam*aha* :// (A Bm D A)
Om Parama Prema Rup*aya* Namaha (F#m C#)
Om Parama Prema Rup*aya* Nam*aha* (F#m C# F#m)
//: Parama Prema Rupaya Namaha :// (F#m C# Om)
Om Parama Prema Rup*aya* Nam*aha* (F#m C# F#m)
Deva Premal & Miten (Embrace) (A Deeper
Light) / istok.de/17763

Om Ram Ramaya

Om ram ramaya (F#m/Am) *Svaha* (C#/E)
Om ram *ramaya* (Bm/Dm) Sva*ha* (A/C) *Om* (E/G)
An invocation to Rama, whose perfection exists in us all
Deva Premal (Cap4): / istok.de/17731

Om Sarve

Om *Sarve* (Cm) Bhavantu *sukhinah* (Fm)
Sarve (G) Santu nir Aamayaah (FmG)
Sarve (Cm) Bhadraanni *pashyantu* (Fm)
Maha *kashid* (G) Duhkha bhaag bhavet (Cm)

Sarve, Sarve, Sarve Sarve (Cm, Fm, G)
Sarve, Sarve (Cm, Fm) Om Shanti (G, Cm)
Tina Malia: / istok.de/18671

Om Shanti Rama

//: Om Shanti Shanti-iii, _ *Shanti* :// (Am G/D, Em Am)
//: *Rama* Rama *Rama _ or* > (C G - Am)
Rama Rama *Rama, Ra-ma* :// (C G, Em-Am)
Relax Mantra: / istok.de/17818

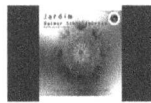

Om Shiva Om

Om Shiva *Om* (F Am)
Om Namah Shiv*aya* (F Am)
Om Shiva *Om* (G (Dm) Am)
Om Namah Shiv*aya* (G (Dm) Am)
Shiva, Hear my *call* (FG, E Am)
I *pray* to *you* (D# G#m (Abm))
//: *Heal* all the *pain, heal* all the *fear* (C#m G#m, C#m G#m)
Heal all the *people*, with the *broken hearts* (C#m G#m, C#m G#m) ://
Rainer Scheurenbrand, Diego Palma [Capo IV / D- / 8]:/ istok.de/18636

Om Shree Rama Mantra

//: *Om* Shree *Rama* Sharanam Mama :// (Em Bm Am Em)
//: *Om* Shree *Rama* Sharanam Mama :// (Em Bm Am Em)
//: *Om Shree* Krishna Sharanam Mama :// (Em Am B Am B)
I take refuge in the energy of the avatar Rama.
Deva Premal & Miten (Refuge) (A Deeper Light): / istok.de/17758

Om Shri Krishna

//: *Om* Shri *Krishna Govinda* (C G Am) *Hare Murare* (F G)
He-ey Nath Narayana (C G Am) *Vasudeva* (FGC) ://
You are my *mother* (C G Am) And *you* are my *father* (F G)
You are my *lover* (C G Am) And *you are* my *friend* (F G C)...Om...
And *you are* the *ocean* (C G Am) And *you are* the *mountains* (F G)
and *you are* the be*ginning*(C G Am) and *you are* the *end* (FGC)..Om
And *I love* you *so* (C G Am) For *you* help me *see* (F G)
To *see you* in *all* (C G Am) Is to *see you* in *me* (F G C)...Om Shri...
Dragonsfly [Capo III / C / 8]: / istok.de/18638

Om Sri Ram Jai Ram

//: Om *sri* Ram *jai* Ram *jai* jai *Ram* :// (C F G C) Low
//: Om *sri* Ram *jai* Ram *jai* jai *Ram* :// (C F/Dm G C) High
Henry Marshall (Surya Sri Ram)(Canon): / istok.de/17848

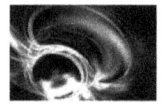

Om Sri Rama

Om Sri Rama *Jaya* Rama, *Jaya* Jaya *Rama* (F A#, d- GC)
Om Sri Rama *Jaya* Rama, *Jaya* Jaya *Rama* (F A#, d- C F)
Om Sri Rama Jaya Rama, *Jaya* Jaya *Rama* (F-, A# dC)
Om Sri Rama *Jaya* Rama, *Jaya* Jaya *Rama* (F A#, d- CF)
+la ilaha illa-llah, la ilaha illa-llahu
Tim Wheather: / istok.de/17123

Om Srim Mahalakshmyai

Om Srim Mahalakshmyai, Namaha (E)
Om Srim Mahalakshmyai, Nama*ha* (A, E)
Mantra für Wohlergehen und Fülle in allen Dingen - Mantra for Abundance
Henry Marshall: / istok.de/17787-1

Deva Premal: One dur Chord (f.e. Shrutibox) / istok.de/17787-2

sacredverses (1 chord or a capella): / istok.de/17787-3

Richard Turner: One ShroutiBox chord or a G a: / istok.de/17787-4

Om Vakratundaya Hum

Om *Vakratundaya* Hum (d) Om Vakratundaya *Hum* (A)
Vakratundaya Dimahi (2x) (dA) *Ganesha Avatara* Nama*ha* (dCd)
Henry Marshall (Playshop Family): / istok.de/17789

One Breath

Breath of eternity one song / C Dm
Becomes a symphony of hearts / G C Am/B Am
Beating in harmony with you / Am Dm
Blessed one one breath / GC
Eshana: (The Osho Song Book): / istok.de/17586

One Heart Beating

-1.We are one world, One voice, One heart beating
-2.Everybody living in this world
Everybody's got a voice let's use it
Everybody living in this world
-3.We are one world, We are one heart beating
We are one world, One heart beating
Sing Portland (Canon: C Dm Em C or Acapella): / istok.de/17883

Ong Namo Guru Dayvaa

Ong Namo Guru Dev Namo, Guru Dev Namo, Guru Dayvaa (A#m)

Ong Namo Guru Dev Namo, Guru *Dev* Namo, Guru *Dayvaa* (A#m G# A#m-G#)
Ong Namo Guru Dev Namo, Guru *Dev* Namo, Guru *Dayvaa* (A#m D# A#m-D#)
I bow to the Creator, I bow to the Divine Teacher Alt: Bm,Bm A Bm A,Bm E Bm E
+:Dm,DmCDm-C,DmGDm-G/Em,EmDEm-D,EmAEm-A/Am,AmGAm-G,AmDAmD
Jai Jagdeesh: / istok.de/17343

Only Love is Flowing Here

//: Only Love is Flowing Here :// (1.G# G#m 2.C#m D#)
//: La ilaha il Allah :// (1.G# G#m 2.C#m D#)
Also: A Am Dm E or E Em Am B with Capo
Sufigal, Anwar: / istok.de/17965

Open My Heart

Open my *heart* let *holy* love flow *through* me (Am G Am)
Center my *soul upon* the path of *peace* (Am G Am)
Make of my life a *melody* of *love* Singing (F G)
Hallelujah, O *great* one *Hallelujah (Am, G Am)*
AmithraSongs: / istok.de/18592

Open up my heart like a rose

Open up my heart like a rose (C) Let the love flow *out* and in (*G* C)
Let go of mind that thinks it knows (C) Where I'm *going* and (G)
Where I've *been* (C) //: Om Mane *Padme Hum* :/4/ (G C)
samdances: / istok.de/17907

 # Oshun

//: *Oshun* lava mis *ojos* (e D) Oshun mi emo*cion* :// (C)
//: *Oshun* flor de *aqua* (D C) *Lava* mi *Corazon* :// (e C)

//: *Oshun* lava meus *olhos* (e D) Oshun meu coraca*o* :// (C)
//: *Oshun* flor das *aguas* (D C) *Lava* meu coracao :// (e C)

//: *Oshun* wash my *eyes* (e D) Oshun my *heart* :// (C)
//: *Oshun* flower of the *waters* (D C) *wash* my *heart* :// (e C)
Mirabai Ceiba (Groovy): / istok.de/18529

 # Our Father

1: *Our* Father who *wart* in *Heaven* (e h e)
Hellowed be Thy *name* (d Gd)
2: (2 x faster) *Our* Father who wart in Heaven (e)
Hellowed be Thy *name* (h e)
Thy *Kingdom* come Thy will be done (d)
In *Earth* as it is in *Heaven* (G d)
Innerharmony: / istok.de/5544

 # Our Magic

Our *magic* is our give away (Dm) Our *magic* is our *song* (C Dm)
So *give* away your love today (Dm) And *sing* the whole day *long* (C Dm)
Sing the whole day long (Dm) *Sing* the whole day *long* (C Dm)
Tarisha (Elemental Radio): / istok.de/17595

Paradise Of Bliss

If on *earth there be* (CDEm) A *paradise* of *bliss* (CD)
Paradise of *bliss* (CD) If on *earth there be* (FCF-C)
It is *this* (x3) (D-G)
Madzub poem by Firdousi, Peter Munir Reynolds: / istok.de/18485

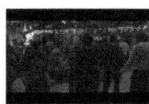

Peace to All the People

Peace to all the people, whose *minds* are *filled* with *war* (Cm, (F)Fm Cm)
Peace to all the people, let *there* be *war* no *more* (Cm, Gm(G) Cm)
+Asalaam aleikum, waleikum asalaam
+Shalom aleichem, aleichem shalom
+Shanti shanti shanti, shanti shanti
Tui at California Quarterly: / istok.de/17963

People of Love

//: *We* are the *people*, the *people* of *love* (C Fmaj7 C Fmaj7)
let us *people love today* :// (C Em Am F) *
We are *one under* the *sun,* (C Fmaj7 C Fmaj7)
let your heart see it this *way (C G)*
love is *something* as *free* as the *wind* (C Fmaj7 C Fmaj7)
I *give* it to you and I'll give it *again* (CG) ...We are the people...*
Reach out *to* the *one* you don't *know* (C Fmaj7 C Fmaj7)
and *give* him a helping *hand (C G)*
the *time* has *come* for a *sacri-fice,*(C Fmaj7 C Fmaj7)
to *find* the way to our *love (C G)* ..*We are...*
Love today, __ __ (x4) (Em Am, FG)...We are the people...
Snatam Kaur (Capo III)(*C-F-C-G bridge): / istok.de/17247

Prabhu Aap Jago

Prabhu *aap* Jago, Paramatma Jago (F#m) / (Em)
Mere *Sarve* jago, Sarvatra jago (D) / (C)
//: Su-*kantak* Khel Prakash Karo :// (1A, 2C#7) / (1G, 2B7)
God Awaken in my brothers and sisters, God Awaken in everyone everywhere
Nicole Salmi (Capo2): / istok.de/17374-1

Awaken LOVE Band: / istok.de/17374-2
AmCGAm //: Mere: CGFAm :// //: Sukantak: DmAm Prabhu:CG :/4/

Awaken LOVE Band: / istok.de/17374-3
//: Gm A# F Gm :/6/ //: D# A# F Gm :// //: F - D# A# (4thx F) :/4/
Also: //: Em G D Em :/6/ //: C G D Em :// //: D - C G (4thx D) :/4/ (Cap3)

Prem Jitendra: / istok.de/17374-4
D# Cm D# G# / Sukantak:Fm Dm G# D# Prabhu: D# Cm / high: Cm D# G#
Also: C Am C F / Sukantak:Fm Bm F C Prabhu: C Am / high: Am C F (Capo3)

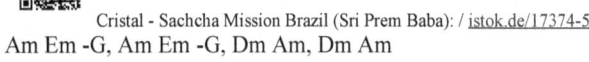

Cristal - Sachcha Mission Brazil (Sri Prem Baba): / istok.de/17374-5
Am Em -G, Am Em -G, Dm Am, Dm Am

Corrente de Prabhu Ap Jago-Chain of Prabhu Ap Jago: / istok.de/17374-6
Dm A, Dm A, Gm C Dm, A# A7

Prashanti

//: *Om** :/3/ (1+2.D F#m A D, 3.D F#m D A)
Sha-nti, Prashanti (DG, D)
Andrew Rashid Zikr & Sufi Practice (*3rd high): / istok.de/17877

Pratipaksha Bhavanam

Pratipaksha Bhavanam (C) *Pratipaksha* Bhavanam (G)
Pratipaksha Bhavanam (C) *Pratipaksha* - *Bhavanam* (G - C)
Henry Marshall (Groovy): / istok.de/17798

Promesa del cielo

Cuando *todo-lo-que-tenemos*, es lo *que* nece*sitamos* (A# F A# C)
Y el *amor* de *Dios*, para *siempre estara* (A# F, A# C)
Para *hacer* su *trabajo*, y *vivir* por la *paz* (A# F, A# C)
//: Que la *promesa* del *cielo, este* contigo :/4/ (A# F, C F)

For when *all* we *have*, is *all* we *need* (A# F, A# C)
And the *love* of the *lord*, will *forever be* (A# F, A# C)
//: For to *do* thy *work*, and to *live* in *peace* (A# F, A# C)
That the *promise* of *heaven*, will *be* with *thee* :/4/ (A# F, C F)
Shimshai (Capo V): / istok.de/17248

Radhe Gopal

Nanda Guela *Murali* Gopal (X2) (Bm A)

Giri Raji *Govinda, Radhe Gopal* (X2) (Bm D, A Bm)
Nanda Mukunda *Radhe* Gopal (X2) (Bm A)
Radhe Jay *Radhe,* Jay *Radhe Gopal* (2x) (Bm D, A Bm)
Diego Palma (Cap1): / istok.de/18660

Raghupati Raghava

Raghupati Raghava *Raja* Ram, Patita Pavana Sitaram (a G a, Ga)
Sita Ram Jaya, *Sita* Ram, *Sita* Ram Jaya Radhe *Shiam* (a, d, G a)
Ana Hata: / istok.de/17820

Remember

//: *This life is* ://(D# F Gm) //: This *life is a dream* :// (D# F Gm)
-It'll be *over* in the *blink* of an *eye* (D# F Gm) *Remember who* you *are* (D# F Gm)
Remember what you *are* (D# F Gm) Whose *life is this* (D# F Gm)
Whose *hands are these* (D# F Gm) Whose *voice is this* (D# F Gm)
What am I (D# F Gm) This *life* is *just* a *dream* (D# F Gm)
-It will *be* over in the blink...
//: *Om Gan Ganapataye* Namaha Gm Dm
Om Gan Ganapa*taye* Namaha .// D# Cm
This *life is beautiful* (D# F Gm) This *life is horrible* (D# F Gm)
This *life is wonderful* (D# F Gm) And this *life* is *just* a *dream* (D# F Gm)
A *dream made* of *love* (D# F Gm) *Remember who* you *are* (D# F Gm)
Remember what you *are* (D# F Gm) *Remember who* you *are* (D# F Gm)
Remember... You are *before* (D# F Gm) *Before these questions* (D# F Gm)
Before an answer (D# F Gm) *Remember... You* are *before* (D# F Gm)
You are before (D# F Gm) Before everything (D# F Gm)
Also: F G Am, Ref: Am Em, F Dm
Omkara: / istok.de/18404

Ruh Allaha il Allah (Prince of Peace)

//: Ruh Ala-ha il Allah, La ila-ha il Allah :// (Cm, G Cm) / Am, E Am

//: *Prince* of peace - Shine your light (Cm) / Am
Guide (Help) us through the *dark* of night :// (G Cm) / E Am...Ruh...
//: *Kyrie* Eleyson, *Christe Eleyson* :// (Cm, G Cm) / Am, E Am
(Aramaic and Arabic - breath of god, only god, also: Dm A)
Sufigal: / istok.de/17949

Salaam mevlana

Salaam mevlana salaam (Am G Am) *Salaam mevlana* salaam (Am G C)
Salaam mevlana (FG) *Salaam mevlana* (E7 Am)
Salaam mevlana salaam (Am G Am)
May peace be with you, beloved
Thousand Ways (capo 5th): / istok.de/17704

Salam Aleikum

-*Salam, Salam Aleikum* (FCF, d A7d)
-*Shalom, Shalom Alechem* (FCF, d A7d)
-*Be Peace* (echo:Be Peace) (FC F)
Be *Peace to You* (d A7 d)
Libana (Also Acapella): / istok.de/18429

Samagwaza

Owe owe Samagwaza
Samagwaza manyowe owe
Aymanyowe aymanyowe samagwaza
(African - He who can carry his own spear no longer needs his mother)
Jabulani Leipzig (Canon, Acapella, Groovy): / istok.de/18477

Samhain Samhain (Ancestors old)

//: Samhain Samhain :// (Cm G# F)
Ancestors old *ancestors new* (Cm G# F)
Join-us-in our *dance upon* this *day* (Cm G# A# F)
Beyond the old *before* the *new* (Cm G# F)
In between the *worlds* we *find* our *way* (Cm G# A# F)
Also: Em C D A or Am F G D wit Capo
Nickomo and Rasullah: / istok.de/17971

Saraswati by Sudha

Ya kundendu Tu*shaara* Bm G
Haara Dhaav*alaa* Bm A
Ya *Shubhra Vastraa-vrita* G D Em
Ya Veena *Vara Danda,* Mandita*kara* E G, Bm
Ya-Shveta Padma-sana D G, F#m DEm
Ya-brahma Achyutaha Shankara Bm C Em, D Em
Prabit*hibrih* Devai *Sada* Vand*itaa* D G A
Sa Man Paatu Sara*swati,* Bhagavati G, Bm A
Nishy*esha, Jyaadyaa-paha* G, D-Em
//: *Om* Eim Sarawasti Sw*aha* :// (1.Bm G) (2.A Bm/G)
Saraswati by Sudha: / istok.de/17206

Sarve Jananam Sukhino Bhavantu

Sarve Jananam Sukhino Bha*vantu (C G)*
Sarve Jananam Sukhino Bha*vantu (C)*
Sarve Jananam Sukhino Bha*vantu (G)*

Sarve Jananam Sukhino Bhav*antu (C)*
Henry Marshall 1/3 (Mantras 4 Happiness): / istok.de/17778

Sat Kartar

low: //: Sat Kartar :/4/ (B G#m A B) / (A F#m G A)
high: //: Sat Kartar :/4/ (B G#m A E) / (A F#m G D)
dark: //: Sat Kartar :/4/ (D C#m E C#m) / (C Bm D Bm)
Let it flow
Kartar Kaur (Open to Love)(Capo2): / istok.de/19261

Sat Patim

Sat patim dehi *parameshwara* (A D)
Sat patim dehi *parameshwara* (A E)
Sat patim dehi *parameshwara* (A Dm)-A E
Please give me a man of truth who embodies the perfect masculine principles.
Mantra for a woman to attract a love partner
Deva Premal & Miten: / istok.de/17728

Servant Of Peace

[*Aad Sach, Jugaad Sach* (C F, Am G) / D G, Bm A = (Capo2)
Haibhay Sach, Nanak Hosee *Bhay* Sach (C F, Am G) / D G, Bm A
//: *Aad* Sach, *Jugaad* Sach (F C) / G D
Haibhay Sach, :// (G, / A)
Nanak Hosee *Bhay* Sach (Am F - C G Am) / (Bm -DABm)] x2

Lord make me an *instrument*, of Thy *Peace* (Gm D#, A# -F) /Am F, C - G
Where there is *hatred*, let me sow *love* (Gm, D#) / Am, F
Where there is *injury*, pardon (A#, F) / C, G

Where there is *doubt*, *faith* (Gm, D#) / Am, F
Where there is *despair*, *hope* (A#, F) / C, G
Where there is *darkness*, *light* (Gm, D#) / Am, F
Where there is *sadness*, *joy* (A#, F) / C, G

Oh Divine *Master* (Gm) / Am
Grant that I may *not* so much seek (D#) / F
To *be* consoled, as to *console* (A#, F) / C, G
To be *understood*, as to *understand* (Gm, D#) / Am, F
To be *loved*, as to *love* (A#, F) / C, G
For it is in *giving*, that we *receive* (Gm, D#) / Am, F
It is in *pardoning*, that we are *pardoned* (A#, F) / C, G
It is in *dying*, that we are *born* (Gm, D#) / Am, F
Into eternal life (A# Dm G / C Em A)... [*Aad Sach
Snatam Kaur*: / istok.de/17362

Shaalu Shalom

//: *Shaalu* shalom *Yerushal-ayim* :/4/ (**1.**Dm Gm, **2.** A Dm, **3.**Dm Gm, **4.**F A-Dm)
//: Shalom> shalom, shalom> shalom, shalom> shalom Dm Gm, C Dm, A# Gm
Shaalu shalom Yerushalayim :// Dm A Dm
//: *Pray* for the peace of Jerusalem :/1.2.3./ *Jerusalem* shell *live* in *peace* /.4
Maranatha Singers (Groovy, >Echo): / istok.de/17838

Shakti Om Jai Ma

-Maha Laxmi Maha Kali Jai Jai Ma, Sarasvati Parvati Jai Jai Ma
Jai Ma Jai Ma Jai Ma Jai Ma
-Mahadevi Narayani Jai Jai Ma, Shanti Devi Shakti Devi Jai Jai Ma
Jai Ma Jai Ma Jai Ma Jai Ma
-Sarasvati Paravati Jai Jai Ma, Mahadevi Narayani Jai
Jai Ma Jai Ma Jai Ma Jai Ma
-Maha Laxmi Maha Kali Jai Jai Ma, Sarasvati Parvati Jai Jai Ma
Jai Ma Jai Ma Jai Ma Jai Ma
-Adi Shakti Tara Shakti Maha Shakti Om

Devi Shakti Maya Shakti Guru Shakti Om
Iksha Shakti Kriya Shakti Gyana Shakti Om
Brahma Shakti Vishnu Shakti Shiva Shakti Om
Sytyaa & Pari, G D Em C: / istok.de/7893

Shalom Chaverim

Shalom chaverim (d) Shalom chaverim (d) *Shalom shalom* (g CF)
Le *hitraot* (d) Le *hitraot* (H) *Shalom Shalom* (g a d)

Goodby my friends (d) Be safe my friends (d)
Have *peace have peace* (g C F) Till *we* meet again (d)
Till *we* meet again (d) Have *peace have peace* (g a d)
Dionisius Daniel (Canon): / istok.de/18571

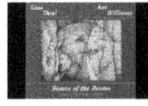

She

She stretched my heart (C) made it a *drum* keep in time with everyone (Am)
She stretch my heart (C) made it a *drum* keeping time for dancing (Am)
With the *moon* and *stars* and *sun* (C G F) keeping time with everyone ()
keeping *time* for dancing (Dm) with the *rain*, with the rain (C)
In a circle (village) of *friends* (Am)
//: *Druwe* Taneos, *Colabru* Sobene :/3/ (C, Am)
Ani Williams (3/4) (Capo II): / istok.de/17253

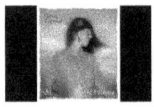

Shima Shimaya

Shima shima shima shima (Dm) Shima shima, *Shi-maya* (CDm)
Shima means love. (Hopi)
Deva Premal: / istok.de/17717

Shine

If I could *show* you the *way* (D C G)
that will *shine* like the *sun* in your *eyes* (D C G)
If I can *find* the *words* to *say* (D C G)
the way I *feel* is *beyond* me *sometimes* (D C G)
Naranai rainanai ... (D C G)
Shimshai & Tina Malia: / istok.de/17255

Shiva Shiva Shankaraya Shiva

///: *Shiva* Shiva Shankaraya Shiva (A)
Shiva Shiva, Shankara ://
Shiva Om Namah Shivaya, Namah Om
Shiva Om Namah Shivaya, Namah Om (Dm)
Namah Om, Namah Om, Namah Om Namah *Ooom (A, Dm, A)*
+Shiva om *Shiva* Om, Shiva *Om*
Christina Schwalbach: / istok.de/17655

Shma Yisrael

[//: *Yaida* Dai *Yada* Dai :/4/ (1.Bm 2.Em 3.Bm 4.F# - *Yaidadai*)]x2
-Shema Yisrael Adonai Eloheinu (Bm Em Bm F#)
Adonai Echad [U'shemo Echad] (Bm Em Bm F#)
V'ahavta Et Hashem Eloheicha (Bm Em Bm F#)
B'chol Levavcha U'vchol Nafshecha (Bm Em Bm F#)
U'vchol Meodecha (Bm Em Bm F#)...Yaida Dai...
-Hear O Israel the Lord Our God (Bm Em Bm F#)
The Lord Is One [and His Name Is One] (Bm Em Bm F#)
And You Shall Love the Lord Your God (Bm Em Bm F#)

With All of Your Heart and With All of Your Soul and With All Your Resources
Yaida Dai Yada Dai Yaidadai...
Michael Ben David (3/4): / istok.de/17643-1

 Emmanuel Falcon: / istok.de/17643-2
//: *Shma* Yisrael *Adonai* elohenu (Em Am) *Adonai echad* :// (Bm Em)
//: *Shma* Yisrael *Adonai* elohenu (G D)
Adonai echad :// (1.Bm Em / 2.Em B Em)

 ## Shree Ram Jai Ram

Shree ram jai *ram* (D C/D) Jai *jai* ram *om* (GD)
Shree Ram jai ram (GDGD) *Jai jai* ram *om* - (G D A - D)
Deva Premal: / istok.de/17737

 **Shri Krishna Govinda Hare Murare**

Shri krishna *Govinda* (C Am *Hari murare* (F G)
He natha *narayana* (C Am) *Vasu deva* (G C)
He natha narayana (C) *Vasu deva* (F C)
He natha *narayana* (C Am) *Vasu deva* (G C)
Ragani: / istok.de/17277

Sita Ram Kahiye - Bridge to Vallabha

//: *Sita* Ram, Sita Ram, Sita Ram *Kahiye* (C#m, E) / (Dm, F)
Jahi Vidhi *Rakhe* Ram, Tahi Vidhi Rahiye :// (H, C#m) / (C, Dm)
[//: *Sita* Ram, *Pyare* :// (1.E 2.H C#m) / (1.F 2.C Dm)]2x
Tina Malia: / istok.de/18826

So'ham Shalah

So'ham Sha*lah*, Sha*lah*, *So'ham* Sha*lah* (a C, F, G a)
Om Elo*him* Nama*ha*, *Om* Elo*him* Nama*ha* (F G a, F G a)
NamaRa 432 Hertz Musik: / istok.de/18662

Something opens our wings

//: *Something opens* our *wings* :// (Cm A# Cm) / Dm C Dm
Something makes boredom and hurt disappear :// (Cm Fm Cm G) / Dm Gm Dm A
//: *Someone fills** the cup in front of us (Cm Fm) / Dm Gm
We taste only *sacred-ness* ://(Cm A#G) / Dm C A...Something...
Zuleikha - Thema (Rumi) *2nd time higher: / istok.de/17866

Spirit and Nature

//: Radhe Radhe Radhe Govinda jai :/3/ (CGF C G)
//: Spirit and nature dancing together :// (F C G C G
//: Victory to spirit victory to nature :// (F C G C G C)
Shakti Deva (Groovy): / istok.de/18196

Sri Krishna Govinda

Shri *Krishna Govinda* (C Am) *Hare Muraare* (F CG)
He *Naatha Naaraayana* (C Am) *Vaasudeva* (FGC)
Awaken Love Band & Prem Jitendra: / istok.de/17382

Sri Ma Jai Ma

//: *Sri* Ma, *Jay*_ Ma, *Jay* Jay Ma, *Jay* Jay Ma > :// (C G a F)
//: Durga *Ma*, Durga *Ma*, Durga *Ma*, Durga *Ma* > :/4/ (C G a F)
Kavita, Yoga Vidya Zentrum (Echo): / istok.de/17816-1

 Chloe Goodchild: / istok.de/17816-2
//: *Sri* Ma Jay Ma, Jay Jay Ma *Om* (A, Bm)
Sri Ma, *Jay* Ma, *Jay Jay* Ma *Om* :// (Bm, D , Bm E A)

 Sugar Ridge Retreat Centre (Groovy)
(>Echo): / istok.de/17816-3
//: Jai *Ma* Jai *Ma* Jai *Ma* Jai *Ma* > :// (C G a F)
//: *Sri* Ma Jay Ma, *Jay* Jay Ma > :// (1.C G / 2.a F)

Sri Ram Jai Ram Jai Jai Ram

Sri Ram Jai Ram Jai *Jai* Ram (A E)
Sri Ram Jai Ram Jai *Jai Ram* (D A E)
//: *Sitaram*, Sitaram, *Sitaram*, Sitaram (A E)

Sitaram, Sitaram, *Sitaram*, *Sitaram* :// (D A E)
Relax Mantra: / istok.de/18048

Stillness in motion

//: *I* am one with the Earth that keeps turning (C)
one with the stars that shines (Fmaj7)
one with the waves that are ocean (Am)
one with the light that I *see* in your eyes :// (Fmaj7 G)
//: __I am the *waves* (C Am)nI am the *ocean* (Fmaj7)
I am *stillness* in motion :// (G)
Lulu y Mischka (Capo IV): / istok.de/17257

Subhan Allah

Subhan Allah x4 (G#m F# E G#m) / (Em D C Em)
Alhamdulillah x4 (G#m F# E G#m) / (Em D C Em)
Allahu Akbar x4 (G#m F# E G#m) / (Em D C Em)
Ultimate Dhikr, MercifulServant (Cap4) (1 chord per line): / istok.de/17937-1

Asif Rumi, Hijjaz (1 time slow 1 time high): / istok.de/17937-2
//: *Subhan* Allah wal *hamdulillah* (F#m E) / (Em D)
Wal Allah illah la *illah allahu* akbar :// (E F#m E F#m) / (D Em D Em) (Cap2)

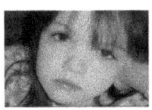

Sun Shines On Everyone

//: The *Sun shines* on *everyone* :/3/ :// It *doesn't* make *choices* :// (D# A# G#)
//: When it *rains*, it *rains* on *everyone* :/3/ //: It *doesn't* make *choices* ://
//: The one spirit *lives* in *everyone* :/3/ //: It *doesn't* make *choices* ://

//: When we *pray* we *pray* for *everyone* :/3/ //: We *don't* make *choices* ://
//: Peace to all, Life to all (D# A#, G# D#) All song also in C G F C
Love to all, Ram Ram Hare Ram :// (D# A#, G# D#) Also: D A G D
//: Ram Ram Hare Ram > :/4/ (1.D# 2.A# 3.G# 4.D#) Also: G D C G
Snatam Kaur: / istok.de/17864

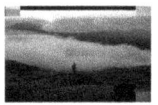

Sunrise

Sunrise (E) *Over* the *mountain* (A E)
Spreading your *light* (A) Over the *land* (EB7)
Sunrise (E) *Another* new *morning* (A E)
We *celebrate* (A) We *are* the new *man* (B7 E)
Miten & Deva Premal: / istok.de/17711

Sweet Soul

Within the circle of the *heart (Dm C) From* life to life (Dm)
She rides the *win (C)* She's never born and never *dies (C Dm)*

Like the *wind (Dm C) Like* the wind she *flies (C Dm)*
Across the *endless (Dm C) Across* the endless *skies (C Dm)*

Sweet soul (Dm C) Your journey's just *begun (C Dm)*
Sweet lover of the light (Dm C) *Your* time has *come (Dm C)*
Galilee natural n' vegan cosmetics: / istok.de/17307

Tat tvam asi

Aham Brahmasmi (C) (I am Brahman)
Ayam atma Brahma (This self is Brahman)

//: Tat t*vam* a*si* :// (G, C) (I am That)
Henry Marshall & The Playshop Family: / istok.de/18691

Te Aroha

Te aroha - Love (E) *Te* whaka*pono* - Faith (A E)
Me te rangi*marie* - Peace (A E) Tatou tatou e - For us all (E)
Delma Rae (3/4): / istok.de/18482

Teach us to Remember

//: *Teach* us to *remember* (Cm A# / Dm C)
And to *thy* grace *surrender* :// (Gm Cm / Am Dm)
Show us the *way* of love (Cm A# / Dm C)
Show us the *way* of light (Gm Cm / Am Dm)
Show us the *way* of truth (Cm A# / Dm C)
Show us the *way* of life (Gm Cm / Am Dm)
+//: La ilaha il Allah :/4/
Munir Peter Reynolds, Dances of Universal Peace: / istok.de/17953

Temple of my heart

From the *temple* of my heart up to the *highest* mountain (Am D)
love *embrace* all that *is,* and all that could *be* (C G, Am)
From the *temple* of my soul down to the *deepest* ocean (Am D)
Ja love *flow* like a *river,* eternally *free* (C G, Am)
//: *Elah* Elah Elah (Am) *Elah* Elah Elah Elah Elah (C)
Elah Elah Elah Elah Elah (G) *Elah* Elah Elah Elah Elah :// (Am)
Kevin James (Capo IV): / istok.de/17261

 # The Call

//: *Allah, Allah, Allah, Allah* :// (a d E a)
//: *Hu-u-u* A*llah* :// (a G d E)
Leilah Be led by Sadaya: / istok.de/18465

 # The Earth Is Turning

Round and round the *earth* is *turning* (Am G Am)
Turning always round to *morning (Am G Am)*
And from *morning* round to *night (Am G Am)*
Libana, Tom Darling (Canon): / istok.de/18421

 # The spirit of the plants

The *spirit* of the *plants* (Dm C)*
Has *come* to *me (Bb C)*
In the *form* of a *beautiful (Dm C)*
Dancing green** woman *(Bb C Dm)*
Her *eyes* fill *me* with *peace (Dm C Bb Am)*
Her *dance* fills *me* with *joy (Gm C Dm)*
*The spirit of the... 2wind, 3earth , 4sea... (etc)
**Dancing... 2red, 3yellow, 4blue... (etc) woman
Lisa Thiel: / istok.de/17304

This is how we pray

Intro:__I *make* a commitment right here right now (D)
With every day that I wake, I will prayer for life *grace* (A)
I will pray for life grace (D) :Intro
//: This is how we *pray*, this is how we *pray* (D Am)
This is how we *pray*, this is how we *pray* :// (C G)
//: *Aho* to all-my *relations*, *Amen* Shalom *Aleichem* :// (D Am, C G)
//: *Namaste* Namah *Shivaya*, Wahe *Guru* Ayllu *Masikunapa* :// (D Am, CG)
//This is how we...//...//: *Allah* Allah Haleluja :// (1.D 2.Am, 3.C 4.G)
Lulu & Mischka (Capo III): / istok.de/17265

This is our world

Well I found love and I believe in this world (AGD)
and we are all good enough to be happy to be here (AGD)
and we're all special and unique and young at heart (AGD)
we all find forgiveness when we make a new start (AGD)

My answer to your grace is gratitude (AGD)
I feel holy, I feel humble, I feel moved (AGD)
Cause every moment I encounter is a moment in your arms (AGD)
in all your beauty and your bounty and your comedy and charm (AGD)
You've got a wicked sense of humor and an irony and truth (AGD)
and I'll keep searching till I've found it and I'll have (AG)
lots of fun en route D

This is our world __its our galaxy, our home (AGD)
our universe __for us to ramble and to roam (AGD)
There is one love __one everything, one everywhere (AGD)
one God of love __and many names that we all share (AGD)

//: And I name Buddha and Jehovah, I name Krishna, I name Christ (AGD)
I name our lady, I name Vishnu, I name Shiva maybe twice (AGD)
I name the gods of all the Africans I'll love to understand (AGD)
Chandra ma, goddess of the sea and lakes of distance lands (AGD)
I name the green man and the goddess: maiden, mother, crone (AGD)

I tip my glass to Pachamama to make all feelings known (AGD)
I smoke a reefer to the Rastas cause I must give thanks to Jah (AGD)
I'm gonna sing my song to Allah, god is great and we've come far :// (AGD)
Emma Pickerill, Luna Deva & Tombaba (Capo II): / istok.de/17266

Thou Holy Asha

//: *Thou* holy asha :// (Am)
//: *Thou* art on the *tree* of *life* :// (Am Dm Am)
//: *Standing* in the middle of *the*, *eternal sea* :// (Dm Am, E7 Am)
Zoroastrian inspired Dance, childrenofcyrus: / istok.de/18309

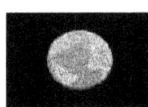

Tikkun Olam

-*Letakken* olam > (Dm) *To* heal the world > (A#)
Letakken olam (C) be'malkhut *Shaddai* (Dm)
To heal the world > (Dm) *Letakken* olam > (A#)
To heal the world (C) with the power of *Shaddai* (Dm)
-*Tikkun olam* (A# Dm) To *heal* the *world* (F C)
Tikkun olam (A# Dm) //: *Amen* :// (D# D7)
Rabbi Tirzah Firestone (>Echo): / istok.de/17941

Tradoro Daro Istra

Tradoro Daro Istra (A#m G# A#m) / (Am G Am)
Zarga Jarga, *Ladodieja* (Am, EmAm) / (A#m, FmA#m)
Jara Wiedza: / istok.de/19751

Triple Mantra

/:*Sat* Guray Nameh, Siri Guroo *Dayvay* Nameh:/(Fm Cm, C# A#m) / (Am Em, F Dm)
//: Aad Sach Jugaad Sach, Hai Bhee Sach (G# D#, Fm) / (C G, Am)
Nanak Hosee Bhee Sach :// (C#) / (F) Capo IV
Satkirin Kaur Khalsa: / istok.de/18137-1

Nirinjan Kaur (Hm F#m): / istok.de/18137-2

Uma Ananda Gauri Ma

//: *Jai* Jai Jai Shakti *Jai* Jai Jai (a F) *Jai* Jai Jai Shakti *Jai* :// (G a)
//: Namah Shiva*ya,* Namah *Shivaya* ://4x (F, G)
//: *Uma* Ananda *Gaurima, Parvati* Shakti *Jai* :// (a F, G a)
Ananda Kirtan(Groovy): / istok.de/6384

Uru Shanti Naraguam

Uru Shanti Naraguam (C) / (G) Uru Sani Gu*aru* (G) / (D)
Sabir*antu* Nara Gu*ama* (F Em) / (C Em)
I*ti* Shanti Na*uru* (DmGC) / (AmDG)
Mantra in Irdin language, language of the angels of 5th dimension. Language of sounds, vibrations, colors and states of beings. Also: D,A,G Bm,Em A D
Eduardo Seia: / istok.de/18683

Vine and Fig Tree

//: And every*one* neath their *vine* and *fig* tree (Fm A#m)
Shall live in *peace* and *unafraid* :// (C Fm)
//: *And* into plowshares *turn* their swords (Fm A#m)
Nations shall learn *war* no more :// (C Fm)
+ //: *Love* to your *neighbor* (Fm A#m)
And *love* to the *spirit* of a life :// (C Fm)
Lo yis a goy el goy che rev, Lo yil madu od mi cha ma
Lo yis a goy el goy che rev, Lo yil madu od mi cha ma
Orange Coast Unitarian Universalist Choir (Canon, Groovy): / istok.de/18575

Wake up Rise up

//: *Wake* up, *rise* up sweet __*family* (C G Am)
it's a __time for the *Lord* and *remember* love-is-here (GFG)
Love, love is __*all* you see (C G Am)
if you __wake up and rise up right away __ :// (F G C)
//: The Lord has *blessed* you in so many *ways* :// (Dm G)
So rise up right now, and sing his *prayers* (Dm Am/F, G)
Mirabai Ceiba (Capo III): / istok.de/17274

We are circling

We are *circling* circling *together* / Dm C Dm CDm
We are *singing singing* our *heart* song / DmFC Dm
This is *family* this is *unity* / DmCDm CDm
This is *celebration this* is *sacred* / Dm CDmCDm
Nina Lee: / istok.de/17583

 **We Are One**

We are *walking* in the *light* now (Cm Gm Cm) / (Dm Am Dm)
Where *harmony resides* (D#A# D#) / (FA# F)
Weaving patterns with our *love* now (Cm Gm Cm) / (Dm Am Dm)
Where *peace* and *balance* abide (D# A# D#) / (F C F)
Sacred mysteries of the *flame* now (Cm Gm Cm) / (Dm Am Dm)
Burning bright within (D# A# D#) / (F C F)
Choirs of *celestial voices* (Cm Gm Cm) / (Dm Am Dm)
Whispering *on* the *wind* (D# A# Cm) / (F C Dm)
We are one...*One* heart beating (A# Cm) / (C Dm)
We are one...we *sing* (A# Cm) / (C Dm)
We are one...Our *voices* repeating (A# Cm) / (C Dm)
//: *Oh*, it's now *we* are one (A# Cm) / (A# Cm) ://...
...*Yes*, it's *now* we are *one, Oh*, it's *now* we are *one*
Denean: / istok.de/18425

 **We are peace**

-*I* feel your *Love* (D G A) *Calling out* to *me* (D G A)
In-the-rhythm of your *heart* (D G A) The *journey to* be *free* (G A D)
-*Carried* by the *One* (D G A) *Hand* in *hand* we'll *go* (D G A)
You are so *beautiful* (D G A) So *let* your spirit *flow* (G A D)
//: We are *light* (D) We are *love* (A) We are *peace* :/4/ (G - A D)
-*In* the *warmth* of the *sun* (D G A) *In* the *cool* of the *moon* (D G A)
I *feel* it *in* my *soul* (D G A) *And* I *know* that its *true* (G A D)
-*In* the *bliss* of *love* (D G A) A *smile upon* your *face* (D G A)
The *light* of *children* and *giving* (D G A)
Fills the *world* with *grace* (G A D)...//: We are...
May *Peace* Prevail (G - D)
//: May *mankind* live, in *absolute* joy (Em A)
Happiness and *Prosperity* (*G* -D- *Em* - A)
And *may* we under*stand* each other (G D)

In trust and *affection* (Em A)...//: We are...://
Snatam Kaur: / istok.de/17361

We Are The Power

//: *We* are the *power* in *everyone* 1.(a G a) 2.(a d e)
We are the *dance* of the *moon* and the sun 1.(a G a) 2.(ade)
We are the *hope* that will *never* hide 1.(a G a) 2.(a d e)
We are the *turning* of the *tide* :// 1.(a G a) 2.(a d e)
Gila Antara: / istok.de/17280

We Come into a Healing Time

//: We've *come* into a healing time (a)
We've *come* into a *healing time* (G a) ://
We heal with our hearts (a) We heal with our hands
We heal with our drums We heal with our love
Yeah, yeah, yeah, yeah! (G)
Connie Delaney: / istok.de/18588

Wendeyaho-Cherokee Morning Song

Wendeya ho (D) *Wendeya* ho (D) *Wendeya* Wendeya (D)
Ho, ho, ho, ho, heyo, heyo (D) *Ya*, ya, ya (DAD)
Celebration of the new morning. (Cherokee)
Robbie Robertson: / istok.de/17714

When I Awake

//: When I awake I'll *see* thy *face* (Am Dm Am)
when I *awake* I will *see* thy *light* :// (Am Dm E Am)
Mother awake me *from* my *dreams*(Am Dm Am)
Mother awake me *to* thy *light* (Am Dm E Am)
Hand in hand we're *dancing together*(Am Dm Am)
Dancing together in thy *light* (/Joy) (Am Dm E Am)
Mukunda St (Paramhansa Yogananda): / istok.de/18117

When you were born

When you were born you *cried,* And the *world rejoiced*
Live your life so that *when* you die, The *world* cries and you *rejoice*
Miranda Samuelsson (aE or aG)(Navajo Prayer Jody Healy): / istok.de/18517

Where Do You Seek Mc

//: Where do you *seek* me (a F) *Here* I *am* :// (E7 a)
//: Here I *am*, (oh) here I *am* (a d, E7 a)
Where do you *seek* me (a F) *Here* I *am* :// (E7 a)
Sufigal: / istok.de/18524

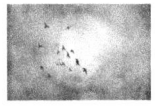

Where I sit is holy

Where I sit is holy (Em) Holy is the ground
Forest mountain river, Listen to the sound

Great Spirit circles all *around* me (D Em)
Shaina Noll: / istok.de/18115

Whisper in a Hurricane

You are the rhythm of the *falling rain* (D G A)
You are the *roar* of the *rolling sea* (D AG A)
You are a whisper in a *hurricane* (D GA)
You're *everything* to *me* (DA G-D // x2)
This gentle silence *inside* my heart (Em A)
I can *feel you there* (D F#m Bm)
And in your grace *Beloved One (Em G)*
Celebration fills the *air* (Em G - DGA)
Miten (The Osho Song Book): / istok.de/17677

Ya azim

Ya azim, ya azim (D) *El* allah hoo (G)
El allah hoo (D) *Allah* hoo (A)
How beautiful does god reveal himself through you. (Sufi)
Sudha & Maneesh de Moor: / istok.de/17701

Ya Habib

Ya, Ya *Habib* (G, C) Ya *Allah*, Ya *Allah* (G, C)
Love, *lover*, and *beloved* (G, D, G)
Patsy Saphira, madzub: / istok.de/17862

Ya Salaam Ya Hadi

Ya salaam Ya Hadi (x2 slow) *Ya salaam Ya Hadi* (x2 fast) (Am F E Am)*
//: *Allah Allah Allah* :// (fast) *Allah* (x2 slow) (Am/C F E Am) *or (Dm/F Bb A Dm)
Lava dance Camp: / istok.de/18032

Ya Shakur Ya Hamid

//: Ya *Shakur* Allah Ya *Hamid* :/4/ (1.D G, 2.A7 D)
//: La *ilaha* il *Allahu*, La *ilaha* il *Allah* :// (D G, A7 D)
Tara Andrea & Maboud Swierkosz (Capo II)(Canon): / istok.de/17854

Yonder Come Day

Yonder, yonder, yonder, yonder
Yonder, yonder sun is a rising in my soul

Yonder come day, Day is a breaking
Day is a breaking in my soul
Yonder come day, Day is a breaking
Sun is a rising in my soul

Sun rise, Sun rise over yonder
Sun rise, Sun is a rising in my soul

The trees are green and the air is sweet
The good Earth is singing underneath my feet
I point my feet down freedom's line
Walking down the street I'm feeling fine
Caitlin Hopper (Canon, Acapella or C G C) / istok.de/18505

You Shall Love the Lord With All Your Heart

You shall love the Lord with all your *heart* (F Gm) / G Am
You shall love the Lord with *all* your *soul* (C7 Gm F) / D7 Am G
You shall love the *Lord* with all your *mind* (F Dm Gm) / G Em Am
With all your *heart*, with all your soul, with all your *mind* :// (C7 F*) / D7 G*
O Lord I *love You* (Dm F Dm) / Em G Em
For *all* the things You *are* (Gm G) / Am A
O Lord I *love* You (C) / D
For *all* the *things* You *do* (Gm7 C F) / Am7 D G
O Lord I *love* You (Dm) / Em
Help me love You *Lord* (A# Gm7) / C Am7
With all my *heart*, with all my soul, with all my *mind* (C7 F) / D7 G
Maranatha! singers (Canon *brige A# F/C G): / <u>istok.de/17973</u>

TABLE OF CONTENT: (> - Echo; ∞ - Canon; ! - Groovy * -Acapella)

4 Elements Mantra **3**
A Heart Like The Sun
Aakhan Jor
Aap Sahaee Hoa **4**
Acchi Mantra **5**
Aham Brahmasmi
Ahava raba ahavtanu **6**
Ahava Rabba > !
All to Jesus I Surrender
Allah Ya Baba **7**
Alleluia We Praise ∞
Amazing Grace
Amba Jagadambe Kali Ma **8**
Ancestor Sky People
Angel Heart Circle Song
Angels of Healing **9**
Angels Singing **10**
Armiti Anahita
As One *
Asalaam > **11**
Ashrei Yoshvei
Auf dem Weg
Ayum Hunabku **12**
Baba Nam Kevalam
Babala Gumbala >
Bar'chu (Blessed Be) > **13**
Baruch Ha
Be a Lamp
Bismillah
Bless the Lord **14**
Body of the Goddess
Born of Water ∞ * **15**
Brahma Nandam
B'shem Hashem **16**
By The Earth
Call me by my true names
Carry Me **17**
Cherdi Kalaa **18**
Circle around
Circle of Women *
Come and Fill Our Hearts **19**
Da Pacem Domine ∞
Deena Bandhu Deena Nath **20**
Dharti Hai
Divine Mother
Echad B'Echad > **21**
Echad Yachid Umi Yuchad !
Eh Malama Ekaheiau !
Ejnanda Nanda Gopala > **22**
El Shaddai
Elemental Chant
Estafurallah ! **23**
Evening Breeze **24**
Faery Song
Fire Child

Fire Transform Me ! * **25**
Flower Of A Man
Fly High ∞
Ganapataye
Gayatri Mantra by Bernie >
Giridhari Ashtakam ! **27**
Go in Beauty
Gobinday Mukanday >
Good Friend ∞ * **29**
Govinda Hari Om Hare Hare
Gracias madre Ayahuasca
Grandmother Moon **30**
Grandmother Moon I'm praying... **31**
Grandmother Song-I hear... ∞ *
Greenman Chant **32**
Guru Om Guru Sri Jaya Guru
Guru Rinpoche Mantra
Hanuman Bolo > ! **33**
Hava nagila !
Hava Nashira ∞ **34**
Heart Of The Universe
Heart's Mystery
Heavenly Father ∞ **35**
Hey Ananda Nanda Nanda !
Hey Hey Ya Hey Ungawa > *
Ho Ike Maike Aloha **36**
Hollow Bamboo
Holy Holy Holy Lord God Almighty
Holy water sacred flame ∞ * **37**
Homage to Krishna
Home is where my heart is **38**
Hu Hu Meke Aloha
Hymn To The Russian Earth ∞ *
I am a gypsy **39**
I am Alive !
I Am Happy
I am one with thee **40**
I Am Opening To Love
I am Sending You Light **41**
I Am The Bubble Make Me... >
I Am The Goddess **42**
I Am Thine
I am who I am
I hear the silence (Surrender) > **43**
I Keteru Yorokobi
I know this rose will open ∞ * **44**
I Step Into The Flow (I surrender)
I Surrender to Love ∞
Ib-Achè > !
If I touch you-The Awakening ∞ * **45**
Ike Kala Makia Manawa > !
Ilumina
In Peace and Beauty **46**
In the light of love ∞
Inana Raya Talbah **47**

Inanna
Ivdu Hashem B'simcha
Jah Jah Is Our Guidance **48**
Jai ma
Jai Ma (Wah)
Jaruha
Jay Ma **49**
Jaya Guru Deva Guru om
Jaya Jagadambe Maa Durga
Jesu Cristaya >
Jubilate Gaia ∞ * **50**
Kabir's Song
Kali burn it all away
Kali Jaya ! **51**
Krishna Krishna
Krishna (Maha Mantra) !
Krishna Waltz **52**
Kumbaya my Lord
Kwaheri *
Kyrie Eleison **53**
Lachen ∞ *
Laya Yoga !
Light of Water
Lo Yisa Goy ∞ **54**
Lord Make me An Instrument
Love Serve and Remember **55**
Ma Navu
Madana Mohana
Mangalam **56**
Maranatha
May All Beings be well and happy
May the Great Spirit
Medicine Wheel * **57**
Meditation on the Breath ∞ *
Metta Karuna
Million Nightingales ∞ * **58**
Mother Earth is a great big ship >
Mother Trilogy
Mutu Qabla Anta Mutu **59**
My Body is a Living Temple **64**
My Life is my Prayer
My Mind Keeps Running back... **60**
Nandana Gopala
Narasimha
Nataraja Jai Shiva > **61**
New Days Dawn-So Ham **66**
Nothing is heard
O Sol – Taita Inti **62**
Om Amrita
Om Apadamapa **63**
Om Bhagavan Sri Ramana
Om Dhara !
Om Dhiyo Yonaha Prachodayat **64**
Om Guru Deva !
Om Namah Shivaya by Krishna Das
Om Namo Bhagavate
Om Namo Jesus **65**
Om Namo Vasudevaya !
Om Parama Prema **66**
Om Ram Ramaya
Om Sarve ∞
Om Shanti Rama **67**
Om Shiva Om
Om Shree Rama Mantra
Om Shri Krishna **68**
Om Sri Ram Jai Ram
Om Sri Rama
Om Srim Mahalakshmyai **69**
Om Vakratundaya Hum
One Breath
One Heart Beating ∞ * **70**
Ong Namo Guru Dayvaa
Only Love is Flowing Here
Open My Heart **71**
Open up my heart like a rose
Oshun !
Our Father ∞ **72**
Our Magic
Paradise Of Bliss
Peace to All the People
People of Love **73**
Prabhu Aap Jago !
Prashanti **74**
Pratipaksha Bhavanam !
Promesa del cielo **75**
Radhe Gopal >
Raghupati Raghava
Remember **76**
Ruh Allaha il Allah (Prince of Peace)
Salaam mevlana
Salam Aleikum ∞ * **77**
Samagwaza ∞ ! *
Samhain Samhain (Ancestors...
Saraswati by Sudha **78**
Sarve Jananam Sukhino Bhavantu
Sat Kartar
Sat Patim **79**
Servant Of Peace !
Shaalu Shalom > ! **80**
Shakti Om Jai Ma !
Shalom Chaverim ∞
She **81**
Shima Shimaya
Shine
Shiva Shiva Shankaraya Shiva
Shma Yisrael **82**
Shree Ram Jai Ram
Shri Krishna Govinda Hare... > ! **83**
Sita Ram Kahiye – Bridge to
Vallabha
So'ham Shalah
Something opens our wings
Spirit and Nature > ! **84**
Sri Krishna Govinda

Sri Ma Jai Ma > **92**
Sri Ram Jai Ram Jai Jai Ram > **85**
Stillness in motion
Subhan Allah
Sun Shines On Everyone **86**
Sunrise
Sweet Soul **87**
Tat tvam asi
Te Aroha
Teach us to Remember
Temple of my heart **88**
The Call
The Earth Is Turning ∞
The spirit of the plants **89**
This is how we pray !
This is our world
Thou Holy Asha **90**
Tikkun Olam >
Tradoro Daro Istra **91**
Triple Mantra
Uma Ananda Gauri Ma ! **100**
Uru Shanti Naraguam **92**
Vine and Fig Tree ∞ !

Wake up Rise up
We are circling > ! **93**
We Are One
We are peace !
We Are The Power **94**
We Come into a Healing Time
Wendeyaho-Cherokee Morning... **95**
When I Awake ∞
When you were born ∞ *
Where Do You Seek Me
Where I sit is holy **96**
Whisper in a Hurricane
Ya azim
Ya Habib **97**
Ya Salaam Ya Hadi
Ya Shakur Ya Hamid ∞
Yonder Come Day ∞ *
You Shall Love the Lord With..∞ **98**

RAINBOWSONGS.ORG

Please register on https://rainbowsongs.org to submit songs with Your Name (or anonymously).

I am happy to work on further rainbow Songs :)

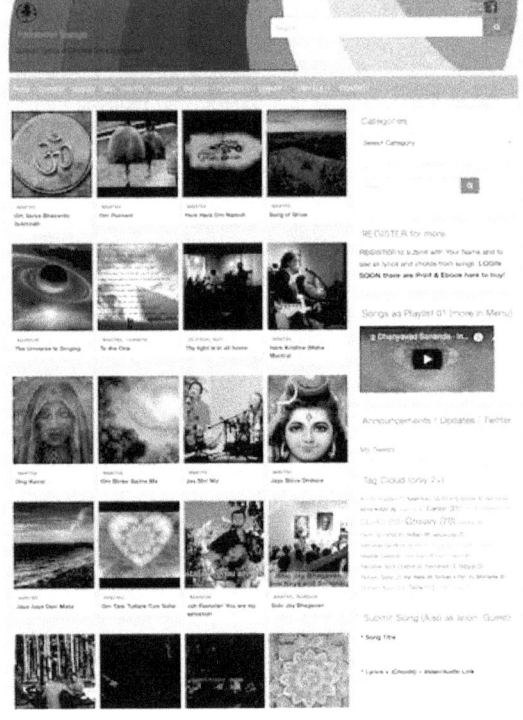

Impr.:Jaroslaw Istok;Martin-Luther-Str.16;10777 Berlin;ananda@rainbowsongs.org+4917649664422

ENGLISH: Who has already leafed through songbooks where most of the songs are unknown? Not with this book! Because all songs are linked to video or audio files, and indeed smart, because even if Youtube deletes the video, the link target is changed, although of course the printed version remains constant. Please report any overlooked dead links at ananda@rainbowsongs.org.

The book is for the Rainbow Family and all spiritually interested people who like to sing in the groups. It is new in form, compact and modern. Each song includes a QR code to the video or audio file. The short links come with it. The video thumbnail allows for quick recognition.

Because of the compactness, the Letter sizes are flexible. Musical signs of the repetition (from//: to: //) and mostly European chords spelling Am = a are used. Chord changing ware *italicized* in text. There will surely be more songs over time. At the beginning almost 300 songs come together on about 100 pages. Buyers always have guaranteed access to the ever-current online edition. Anyone can also submit songs anonymously, keeping a community alive.

GERMAN: Wer hat schon in Liederbüchern geblättert, wo die meisten Songs einem nicht bekannt sind? Nicht mit diesem Buch! Denn Alle Lieder sind mit Video oder Audio Dateien verlinkt und zwar intelligent, da selbst wenn Youtube das Video löscht, wird das Link Ziel geändert obwohl natürlich die gedruckte Version konstant bleibt. Bitte übersehene tote Links unter ananda@rainbowsongs.org hierfür melden.

Das Buch ist für die Rainbow Family und Alle spirituell interessierten Menschen, die gerne in den Gruppen singen. Es ist neu in der Form, kompakt und modern. Jedes Lied erhält einen QR Code zu der Video oder Audio Datei. Die Shortlinks kommen mit dazu. Das Video Thumbnail ermöglicht eine schnelle Erkennung.

Wegen der Kompaktheit sind die Schiftgrössen flexibel. Musikalische Zeichen der Wiederholung (von //: bis ://) und meist europäische Akkorde Schreibweise Am=a werden eingesetzt. Akkordwechsel wurde *kursiv* dargestellt. Es werden sicher mehr Lieder mit der Zeit kommen. Zu Anfang kommen da schon fast 300 Lieder auf etwa 100 Seiten zusammen. Käufer haben immer garantierten Zugang zu der stets aktuallen Online Ausgabe. Jeder kann auch anonym Lieder einsenden und somit eine Community lebendig halten.

Ananda

www.ingramcontent.com/pod-product-compliance
Lightning Source LLC
Chambersburg PA
CBHW070302100426
42743CB00011B/2310